SEGUNDA GUERRA MUNDIAL

GERHARD L. WEINBERG

SEGUNDA GUERRA MUNDIAL

Tradução de BRUNO ALEXANDER

L&PM/ENCYCLOPÆDIA

Texto de acordo com a nova ortografia.
Título original: *The Second World War*

Tradução: Bruno Alexander
Capa: Ivan Pinheiro Machado. *Ilustração*: iStock
Preparação: Mariana Donner da Costa
Revisão: Nanashara Behle

CIP-Brasil. Catalogação na Publicação
Sindicato Nacional dos Editores de Livros, RJ

W443s

Weinberg, Gerhard L., 1928-
  Segunda Guerra Mundial / Gerhard L. Weinberg; tradução Bruno Alexander. – 1.ed. – Porto Alegre [RS]: L&PM, 2024.
  192 p. ; 20 cm.

  Tradução de: *The Second World War*
  ISBN 978-65-5666-483-5

  1. Guerra Mundial, 1939-1945. I. Alexander, Bruno. II. Título.

24-91549   CDD: 940.53
              CDU: 94(100)"1939/1945"

Meri Gleice Rodrigues de Souza - Bibliotecária - CRB-7/6439

© Gerhard L. Weinberg, 2014

Todos os direitos desta edição reservados a L&PM Editores
Rua Comendador Coruja, 314, loja 9 – Floresta – 90.220-180
Porto Alegre – RS – Brasil / Fone: 51.3225.5777

PEDIDOS & DEPTO. COMERCIAL: vendas@lpm.com.br
FALE CONOSCO: info@lpm.com.br
www.lpm.com.br

Impresso no Brasil
Inverno de 2024

Sumário

Lista de mapas 6

Introdução 7

Capítulo 1: O período entreguerras 11
Capítulo 2: O início da Segunda Guerra Mundial 33
Capítulo 3: A guerra no ocidente: 1940 51
Capítulo 4: Operação Barbarossa: a invasão da
  União Soviética 76
Capítulo 5: O Japão amplia a guerra contra a
  China 95
Capítulo 6: A virada do jogo: outono de 1942
  – primavera de 1944 115
Capítulo 7: Evoluções no âmbito interno e nos
  campos da medicina e da tecnologia 138
Capítulo 8: A vitória dos aliados, 1944-45 155

Conclusão 172

Leituras complementares 175

Índice remissivo 181

Lista de mapas

1. A campanha polonesa 34
2. A campanha norueguesa 45
3. O colapso da França 56-57
4a. Campanha contra a Iugoslávia 72
4b. Campanha dos Bálcãs 73
5. Barbarossa 82
6. Frente de batalha germano-soviética, 1941 89
7. As Filipinas 1941-42 106
8. As Índias Orientais 1941-42 107
9. Guerra germano-soviética 1942-43 118
10. Batalha de Kursk 120
11. Campanha da Sicília 130
12. Operação Overlord 159
13. Guerra germano-soviética 1943-44 162
14. Campanha das Filipinas 1944-45 166
15. Campanha de Okinawa 1945 168

Introdução

Durante décadas, o 11 de novembro de 1918 foi lembrado como o dia em que o combate cessou, naquela por tanto tempo conhecida como "A Grande Guerra", antes que muitos começassem a chamá-la de Primeira Guerra Mundial. Tanto a comemoração pelo final do conflito que assolou o mundo de 1914 a 1918 quanto o nome a ele atribuído refletem a enormidade, sem precedentes, da destruição e das baixas então registradas. Antes de 1914, houve guerras absurdamente sangrentas, algumas incluindo combates em terra e mar por todo o globo, nenhuma, porém, reuniu tantos países e territórios coloniais, nem envolveu direta ou indiretamente uma proporção tão grande dos habitantes sobre a terra daquela época ou exterminou contingentes tão vastos mesmo ao erradicarem impérios e dinastias. Se seu encerramento trouxe um alívio imenso e uma esperança generalizada de que nada semelhante jamais tornaria a acontecer, temos que nos indagar como foi que, somente vinte anos após 1918 houve quase uma repetição e, em seguida, um ano mais tarde, iniciou-se uma segunda conflagração de envergadura mundial.

Alguns dos que estudam a Segunda Guerra Mundial insistem em que deveríamos considerar seu início em 1931, com a tomada da Manchúria pelos japoneses, ou em 1935, com a invasão italiana da Abissínia/Etiópia, ou em 1936 com a eclosão da Guerra Civil Espanhola, ou em 1937 com o começo das hostilidades ostensivas entre Japão e China. A perspectiva ora assumida é de que esses conflitos foram de outra ordem. Ambas as ocorrências na Ásia oriental marcaram uma retomada nas investidas do expansionismo local por parte do Japão; a operação italiana no nordeste da África foi uma retomada da expansão colonialista da Itália, e a Guerra Civil Espanhola começou e permaneceu como um conflito interno daquele país. Ainda que em todos esses casos outras potências oferecessem ajuda para um lado ou o outro, não houve participação aberta de outros países além daqueles diretamente envolvidos. De fato, em dezembro de 1941, o Japão aderiu deliberadamente ao conflito maior iniciado pela Alemanha, em 1939, mas, essa não foi, de forma alguma, uma decisão predeterminada, conforme examinaremos no capítulo 5. Desde 1945, têm-se registrado guerras entre países isoladamente e guerras civis dentro de países, mas (para a maior das felicidades) não se verificaram hostilidades militares de âmbito mundial.

Se, para os objetivos deste estudo, a guerra em questão começou em 1939, por que deveria ser considerada uma guerra mundial desde o princípio, em vez de uma guerra europeia, como muitas das precedentes, que se tornou mundial em 1941 e nos anos seguintes? Embora a guerra tenha se iniciado na Europa, desde os primeiríssimos tempos, ela contou com aspectos e participantes de âmbito mundial. As ambições da Alemanha, deflagradora do conflito, abarcavam todo o globo, conforme demonstrará o capítulo 1. De imediato, os Aliados incluíram o Canadá, a Austrália e a Nova Zelândia, com a União da África do Sul juntando-se a eles, dias mais tarde. Os impérios coloniais francês e britânico também foram envolvidos desde o início, conforme demonstrado pelos soldados das colônias francesas na África que lutaram na França (e onde milhares foram executados pelos alemães após a rendição) e pelo surgimento do maior exército de voluntários na Índia. Ainda que a participação da Itália não começasse até junho de 1940, ela se fez acompanhar de um envolvimento mais direto do continente africano, e ninguém sugeriria que a revolta contra os britânicos no Iraque e o combate na Síria em maio e junho de 1941 aconteceram em qualquer lugar senão na Ásia.

A guerra nos mares foi igualmente mundial desde o começo. Bastam dois exemplos: a batalha entre o encouraçado alemão *Graf Spee* e os cruzadores britânicos *Exeter, Ajax* e *Achilles* ao largo da costa uruguaia em dezembro de 1939, e a ajuda prestada pela União Soviética à Alemanha ao enviar um cruzador auxiliar pela passagem ao norte da Sibéria, em 1940, para afundar navios aliados no Pacífico. Tanto a campanha dos submarinos alemães quanto os esforços britânicos para interceptar os navios mercantes alemães também ocorreram por todo o globo.

Se, portanto, considerarmos o início da Segunda Guerra Mundial em setembro de 1939, com a invasão da Polônia pelos alemães, e o fim em setembro de 1945, com a rendição do Japão, como foi que ela aconteceu? São quase incontáveis as discussões sobre quem foi o responsável pelo início da Primeira Guerra Mundial, mas bem poucas quanto à responsabilidade da Alemanha por deflagrar a Segunda Guerra Mundial. Uma questão de ordem maior, foco do capítulo 1, é: por que e como isso aconteceu em um mundo onde a lembrança da terrível guerra anterior era vívida demais na memória de todos os adultos sobreviventes? Considerando que a Alemanha começou a guerra na expectativa de vencê-la, e por algum tempo parecia haver uma possibilidade razoável de que ela alcançaria seu objetivo, como foi que os Aliados venceram? Os capítulos subsequentes examinam essa pergunta, de forma a incluir tanto aqueles que se envolveram com o lado alemão como os que se viram ao lado da Grã-Bretanha e da França, ora quando atacados, como a União Soviética e os Estados Unidos, ora unindo-se deliberadamente, como Itália, Japão, Hungria, Finlândia, Romênia, Bulgária, de um lado, e a maior parte dos países do hemisfério ocidental do outro.

Dado que a guerra se transformou no maior conflito do tipo da história, faz-se necessário também abordar as mudanças que ela produziu nas partes beligerantes e os impérios que algumas delas detinham antes de se envolverem. Será igualmente necessário incluir algo sobre as mudanças profundas nos armamentos, por um lado, e na medicina e na tecnologia, por outro. O computador em que rascunho o texto deste livro, por exemplo, serve para ilustrar a forma como a mecânica desenvolvida e aplicada durante a guerra afeta hoje o cotidiano das pessoas, no presente e no futuro.

Capítulo 1
O período entreguerras

A conferência de paz em 1919

Os representantes das potências vitoriosas que alinhavaram os tratados de paz com a Alemanha, a Áustria, a Hungria, a Bulgária e o sucessor do Império Otomano enfrentaram uma série de problemas complicados. Como tratar as Potências Centrais derrotadas; como lidar com os novos Estados originados das ruínas dos impérios russo, austro-húngaro e otomano; como lidar com o conflito entre a China e o Japão quanto à antiga colônia alemã na China; o que fazer em relação às demais colônias alemãs; como reduzir o perigo da reincidência de um desastre como o que acabara de acontecer. Ainda que raramente mencionado na literatura sobre a conferência de paz de Paris em 1919, vale observar muitos desses quebra-cabeças como facetas de uma questão fundamental: como reorganizar a Europa e territórios fora dela à medida que a premissa básica da territorialidade passou do princípio dinástico para o nacional. Esse problema não incomodara os pacificadores de 1815 após as rebeliões da Revolução Francesa e das Guerras Napoleônicas. No pensamento de muitos dos presentes em Paris, foi a falha na adesão ao princípio nacional, óbvia nas Guerras

Bálcãs no princípio do século XX e na luta entre a Sérvia e a Áustria-Hungria, a grande responsável pelo conflito recém-terminado.

Os esforços dos pacificadores no sentido de abordar essa questão fundamental – como facilitar a mudança de Estados baseados na lealdade dinástica para Estados fundamentados na identidade nacional de seu povo – não foram de todo justos ou razoáveis, mas eles raramente receberam o merecido crédito. O número daqueles que acreditavam estar sob o comando de governantes hostis a eles se reduzira demais na Europa. Além disso, havia três aspectos do acordo de paz que se adequavam a esse esforço de ajustamento e que deveriam ser vistos dessa forma. Vários dos novos Estados europeus foram obrigados a assinar tratados prometendo respeitar os direitos das minorias nacionais existentes dentro de suas recém--redefinidas fronteiras nacionais. Esse sistema de proteção às minorias nacionais não funcionou tão bem quanto seus criadores desejavam, mas eles merecem o devido crédito por seus esforços. O segundo aspecto do acordo de paz que cabe nesse conceito de ajustamento de fronteiras à nacionalidade foi a realização de plebiscitos em diversas áreas da Europa, nos quais os habitantes votariam pela nacionalidade que consideravam ser a sua, com o objetivo de que as fronteiras traçadas dali por diante refletissem as preferências manifestas. Aqui também surgiriam problemas, mas, de novo, a ideia merece crédito.

O terceiro aspecto do acordo de paz que se concentrou nessa nova direção dos governados em vez dos governantes poderia ser visto na composição do arranjo do império colonial alemão e as porções não turcas do Império Otomano. Partes muito pequenas das colônias alemãs, de Camarões e Togo no oeste da África, foram incorporadas às colônias britânicas e francesas adjacentes, e uma diminuta porção da África ocidental alemã (Tanzânia) foi acrescentada à colônia portuguesa de Moçambique. Entretanto, a parte principal do império colonial alemão foi transformada nos chamados "mandatos", assim como partes do Império Otomano foram distribuídas entre França e Grã-Bretanha. Os mandatos foram classificados em três categorias: os A podiam esperar por se tornar Estados independentes logo; os B podiam esperar que esse processo demorasse mais tempo, e os C podiam esperar estar sob controle externo por um longo tempo. Esses países foram distribuídos entre diferentes países vencedores até que alcançassem a independência, e esperava-se que seus novos mandantes se responsabilizassem por eles diante um comitê especial da nova organização internacional estabelecida. Existe uma diferença significativa entre esse procedimento e aquele anterior aos conflitos mundiais quando territórios como partes da Índia, do Canadá e outras porções do hemisfério ocidental, da Ásia e de ilhas do Pacífico foram transferidas de um império colonial para outro sem levar em consideração a possibilidade de que os habitantes preferissem, em dado momento, ser governados a partir da própria capital e não de Londres, Paris, Madri, Lisboa, Washington, Tóquio, Roma ou outro lugar.

Há duas outras inovações a serem mencionadas. Sob forte influência americana, criou-se uma organização, a Liga das Nações. Sua carta, chamada de Pacto, foi incluída como a primeira parte em cada tratado de paz. A ideia era de que a terrível guerra recém-concluída deveria constituir uma nova abordagem às relações internacionais na esperança de evitar uma eventual repetição. Haveria um fórum internacional permanente para a discussão de qualquer questão premente na época; um mecanismo para acompanhar minorias, mandatos e plebiscitos; e uma forma coletiva de proteção para a independência de cada membro da organização. Ela não funcionou tão bem como esperado, mas o conceito introduziu nas relações internacionais um novo elemento que influenciou o pensamento dos indivíduos e dos líderes pelo resto do século.

A outra inovação foi a inclusão de uma provisão para julgamentos de criminosos de guerra no tratado de paz com a Alemanha. Foi uma das provisões mais odiadas pelos alemães e, no final, não houve julgamentos internacionais. Em vez disso, a responsabilidade migrou para uma corte alemã reunida em Leipzig. Esses julgamentos mostraram-se uma farsa que levou a uma abordagem diferente durante e depois da Segunda Guerra Mundial, mas, de novo, o conceito trouxe um novo elemento para a forma como as pessoas passaram a pensar sobre os horrores da guerra. Não seria surpresa que o capitão de um submarino que torpedeara um navio-hospital e que ordenara que os botes salva-vidas com sobreviventes fossem metralhados aguardasse por uma grande carreira na Alemanha depois que os nacional-socialistas ali alcançaram o poder, mas o tratado demostrou uma nova forma de considerar tais atividades. Dado que a Áustria-Hungria e o Império Otomano desapareceram no final do conflito, foi o tratado de paz com a Alemanha o de maior relevância. Nele, a mudança do princípio dinástico para o nacional mostrou-se o mais importante e mais controverso. Embora fosse a mais nova das grandes potências, existindo há menos de meio século, a Alemanha não estava fragmentada. Os habitantes dali se viam como alemães mais do que como prussianos, wütemberguianos, saxões ou bávaros. O território tomado de outros no século e meio anterior seria devolvido aos antigos proprietários: França, Dinamarca e Polônia, entretanto, nenhuma porção substancial do território claramente habitado por alemães foi entregue aos vitoriosos. Essas decisões dos pacificadores levantaram sérios questionamentos quanto ao futuro.

Em relação à devolução das terras à Dinamarca e à Polônia, organizaram-se plebiscitos em áreas onde havia dúvida quanto ao local onde a nova fronteira seria traçada, e isso aconteceu também com o território do Sarre, que continuaria separado da Alemanha por quinze anos. A devolução do território tomado da Polônia suscitou as mais violentas objeções na Alemanha. Nas três partilhas da Polônia, em 1772, 1793 e 1795, os governantes de Brandemburgo-Prússia tinham tomado vastas áreas daquele país em um processo que aproximou a Rússia da Europa central e, na primeira, criou um corredor no sentido leste-oeste, ligando Brandemburgo à Prússia. A devolução à Polônia de grande parte do território dela tomado, que, como antes de 1772, significava um corredor no sentido norte-sul, foi considerada uma afronta por muitos alemães, ainda que a Polônia tenha existido outrora como um Estado muitas vezes mais extenso do que a Alemanha. Um aspecto dessa afronta foi de enorme relevância então, bem como nas décadas subsequentes. Uma grande quantidade de alemães considerava inferiores os poloneses e outros povos eslavos da Europa Oriental em termos raciais e culturais. O conceito de pedir às pessoas que votassem para decidir pela cidadania alemã ou polonesa significou uma equivalência considerada insultuosa para muitos alemães, que se avaliavam como uma categoria totalmente diferente de seres humanos. Quando, na conferência de paz, a delegação alemã persuadiu os vencedores a substituir o plebiscito na Alta Silésia pela transferência para a Polônia conforme a intenção original, muitos alemães o viram não como um grande sucesso para sua equipe de negociação, mas, antes, como outro insulto à sua autopercepção. O fato de que muitos dos Estados alemães, incluindo a Prússia, a Bavária e Oldenburg eram e continuavam a ser não contíguos até 1945 foi invariavelmente menosprezado.

Outro aspecto de extrema relevância foi a discussão sobre a fronteira ocidental da Alemanha e a forma como a conferência de paz a solucionou. Uma vez que a França fora invadida duas vezes pelos alemães no passado recente, em 1870 e 1914, os franceses se preocupavam com uma possível agressão futura dos alemães, quase que da mesma forma como muitos tinham se preocupado com futuras agressões francesas na Europa em 1815. A opção de destacar a Renânia e criar ali um Estado separado foi seriamente considerada, mas embora isso pudesse proteger a França de uma invasão alemã, também envolveria uma violação drástica do princípio nacional. Ante a insistência das delegações britânica e americana, a região do Reno deveria permanecer com a Alemanha sob acordos elaborados como proteção alternativa para a França e a Bélgica. O território a oeste do Reno e a zona de 50 quilômetros a leste dele deveriam ser e permanecer desmilitarizados. Além disso, a Grã-Bretanha e os Estados Unidos assinaram com a França tratados de garantia que asseguravam assistência à França caso a Alemanha a invadisse de novo. Acreditava-se que tais acordos garantiriam segurança à França ao mesmo tempo em que respeitavam o princípio nacional. A Alemanha conservaria a área, mas seria desestimulada a atacar a França, pois isso significaria automaticamente entrar em guerra contra a Grã-Bretanha e os Estados Unidos. A Alemanha também seria obrigada a respeitar a independência da Polônia e os pequenos Estados oriundos do Império Austro-Húngaro, pois sua própria porta para a invasão pelo oeste estaria interceptada pela zona desmilitarizada. No entanto, a recusa do senado americano em ratificar o tratado de garantia, seguida da recusa britânica a ser o único garantidor contribuiu para o colapso da estrutura de paz na década de 1930. Com a retirada dos Estados Unidos do sistema de tratados que ajudara a delinear, as respectivas sanções ficaram a cargo dos países mais enfraquecidos pela guerra, o que estimulou os derrotados a fazer nova investida.

    O tratado com a Alemanha continha duas outras categorias de provisões fortemente rejeitadas pelos alemães, que encontraram formas de miná-las ou desconsiderá-las. Elas se referiam à imposição de limites às forças armadas alemãs e à prescrição de reparações. Os alemães haviam introduzido no cenário de guerra o bombardeio de cidades muito distanciadas do front, e os Aliados, que não compartilhavam o entusiasmo deles por tal abordagem, proibiram a Alemanha de ter uma força aérea militar. Não obstante, na Segunda Guerra Mundial, os alemães entenderam que haveria revide caso insistissem em bombardear cidades, mas depois de 1918 eles recorreram a recursos oferecidos pelos amigos soviéticos para escapar da restrição. Fizeram o mesmo ao serem impedidos de desenvolver veículos blindados, e lançaram mão de outros expedientes para contornar a proibição dos submarinos. Quanto à limitação constante do tratado de 100 mil homens para seu exército, eles escaparam dela, por exemplo, treinando a polícia militarizada. Embora o tratado tivesse sido aprovado como lei pelo parlamento alemão, os comandantes militares alemães mais graduados, apesar de terem jurado sobre a constituição e as leis da república, muito se orgulhavam de quebrar esse juramento sempre que possível.

Em pós-guerras anteriores, os vitoriosos costumavam impor uma indenização ao perdedor, como no caso então recente da indenização imposta à França pela nova Alemanha, em 1871. Os elaboradores do tratado apresentaram a questão de forma diferente. O grosso da luta e da destruição acontecera fora da Alemanha, portanto o termo "reparações" usado no tratado e em negociações e debates posteriores visava mostrar que, em vez de ser punida pela derrota, a Alemanha deveria pagar os custos da reparação pelo dano que causara. Não é possível reexaminar aqui a história, longa e complicada, das reparações, mas os principais resultados precisam ser mencionados, pois afetaram os eventos subsequentes ocorridos na Alemanha e nos países vitoriosos.

Em 1923, para fugir do pagamento das reparações de guerra, o governo alemão, de modo deliberado, desvalorizou sua moeda corrente por meio da inflação e, em 1931-32, chegou à deflação. Em termos internacionais, o resultado foi que a Alemanha pagou muito pouco, e os vencedores tiveram de arcar com os próprios custos de reconstrução, o que os enfraqueceu ainda mais. O efeito sobre a Alemanha, porém, foi uma tremenda insatisfação interna com o governo e uma disposição maior para apoiar um tipo de regime diferente, defendido pelos nacional-socialistas.

A Alemanha após Primeira Guerra Mundial e a ascensão de Hitler

Em meio à confusa situação interna da Alemanha, depois de uma derrota que praticamente ninguém esperava, vários grupos e indivíduos se apresentaram com explicações sobre o acontecido e com propostas para um futuro diferente. Muitos dos militares e alguns dos líderes políticos sustentavam que a Alemanha não tinha sido derrotada no front, mas, sim, esfaqueada pelas costas por socialistas, comunistas, judeus e outros elementos supostamente subversivos. Como beneficiários da derrota que tinham causado, eles agora governavam o Estado. Um novo sistema sem espaço para diferenças internas, exemplificadas pela multiplicidade de partidos, garantiria a vitória em guerras futuras a um Estado conduzido por um único líder, de um único partido político. Foi o Partido Nacional-Socialista, liderado por Adolf Hitler, que angariou apoio, cada vez maior, com esse tipo de mensagem. Sob a crença equivocada de que poderiam controlar esse movimento e esperançosos de um resultado diferente em qualquer guerra no futuro, os homens ao lado do presidente eleito da Alemanha, Paul von Hindenburg, o persuadiram a nomear Hitler chanceler no final de janeiro de 1933.

Em seus escritos e discursos, Hitler agarrara-se à lenda da facada pelas costas e elogiara os sistemas fascistas soviético e italiano por permitirem apenas um único partido político. Ele insistia que o caminho para o futuro da Alemanha não residia em guerras para recuperar os pequenos territórios perdidos no tratado de paz (uma estupidez defendida pelos que ele chamava de "Grenzpolitiker", políticos de fronteira), mas em guerras para conquistar enormes "Lebensraum", os espaços vitais, conforme a exigência de um "Raumpolitiker", um político dos espaços, como ele mesmo. Em poucos meses, durante 1933, Hitler consolidou uma ditadura de partido único na Alemanha e, ao mesmo tempo, acelerou o rearmamento que vinha acontecendo secretamente. Poucos dias depois de se tornar chanceler, ele explicou aos comandantes militares que essa medida visava à conquista e à germanização de um vasto espaço vital na Europa Oriental.

Hitler presumiu que a aceleração substancial do rearmamento até então secreto bastaria para a primeira das guerras que tinha em mente, contra a Tchecoslováquia. Com ela, Hitler planejava consolidar a posição da Alemanha na Europa central e aumentar as divisões militares que pudesse arregimentar. Um novo armamento, especialmente bombardeiros bimotores e monomotores, tanques maiores e navios de guerra mais potentes seriam necessários na próxima guerra. E essa guerra seria contra a França e a Grã-Bretanha, os países causadores das maiores dificuldades para a Alemanha no último conflito. Embora Hitler visse a derrota das potências ocidentais como um pré-requisito necessário, ele presumiu que não precisaria de armamentos novos para a planejada invasão da União Soviética. Estimava que não teria dificuldade para derrotar esse país de povos eslavos inferiores, que, pelo que Hitler considerava como um golpe de sorte para a Alemanha, tinham sido privados de sua elite governante anterior, amplamente germânica, pela revolução bolchevique e agora segundo ele eram governados por incompetentes. O aniquilamento dos inferiores soviéticos proveria as matérias-primas, especialmente petróleo, necessário à guerra posterior contra os Estados Unidos. Aquele país, ainda que também racialmente inferior, era distante e tinha uma marinha de guerra considerável. Em 1937, portanto, logo que a concepção e a produção do armamento contra a França e a Grã-Bretanha estavam bem encaminhadas, Hitler ordenou que se iniciassem os planos e a construção de bombardeiros intercontinentais e de potentes navios de guerra necessários para a guerra contra os Estados Unidos, já que levariam anos para ser concebidos e construídos, conforme ele corretamente previu.

O mundo reage a Hitler

Fora a Alemanha, os demais países do mundo não estavam preparados para acreditar que, após a experiência do que chamavam de Grande Guerra, alguém pretendesse começar novas guerras envolvendo boa parte do mundo. Esforços de todo tipo foram feitos para limitar armamentos na década de 1920 e princípio da década de 1930. Ainda que pouco eficazes, eles demonstraram o que a maior parte das principais potências pensava sobre o que era necessário, e a retirada formal da Alemanha da Liga das Nações em 1933 não foi interpretada como um sinal de determinação para um novo conflito. De modo semelhante, a retirada do Japão dos acordos de limitação naval foi respondida pelos Estados Unidos, e em menor extensão pela Grã-Bretanha, somente com um rearmamento naval mínimo por conta própria. A tomada da Manchúria pelo Japão em 1931 e a retomada da guerra contra a China em 1937 foram vistas com desaprovação, mas não enfrentaram reação militar por parte de outros países. Foi a Alemanha, devido às suas excelentes relações com a China e o Japão, que tentou seriamente mediar o conflito no outono e no inverno de 1937. Quando o governo de Tóquio rejeitou fazer qualquer concessão ao governo nacionalista chinês, Hitler optou por apoiar o Japão. Ele também pleiteara por muito tempo uma aliança com a Itália, tanto por admirar seu ditador Benito Mussolini quanto porque o país só poderia expandir seu império à custa de seus aliados na Grande Guerra. O mesmo valia para o Japão, que se mostrou outro candidato oportuno para uma aliança.

Conforme a Alemanha se rearmava de forma ainda mais ostensiva na década de 1930, o congresso dos Estados Unidos aprovou as denominadas "leis de neutralidade". Essas leis podem ter deixado os Estados Unidos fora da guerra de 1914, mas agora tornavam uma guerra mais provável, sendo um movimento a um tempo desestimulante para França e Grã-Bretanha e estimulante para a Alemanha. Nem o governo francês nem o britânico estava disposto a entrar em guerra para sustar as patentes violações ao tratado de paz por parte da Alemanha. Depois do número devastador de baixas da Grande Guerra, a população dos dois países mostrava-se relutante e horrorizada ante a ideia de qualquer novo conflito. A Grã-Bretanha se desarmara drasticamente, e os franceses tinham iniciado a construção de uma linha importante de fortificações na esperança de desestimular ou, pelo menos, rechaçar uma nova investida alemã. A população e os líderes de ambos os países também foram afetados pelas infindáveis queixas dos alemães quanto ao castigo, supostamente excessivo, imposto pelo tratado de paz de 1919. Um dos generais alemães, capturado na Tunísia em maio de 1943, foi gravado comentando com outros generais, capturados em fevereiro de 1944, que todos dariam pulos de alegria se a Alemanha garantisse outro Tratado de Versalhes. No entanto, esse reconhecimento chegou tarde demais para os alemães, bem-sucedidos em persuadir muitos dos países vencedores a permitir à Alemanha amplo espaço para desrespeitar os termos daquele tratado.

Com o alinhamento cada vez maior da Alemanha com a Itália e o Japão, a Grã-Bretanha sentiu-se mais desestimulada a confrontar a Alemanha. As ameaças ao Império Britânico e à Commonwealth pelo mundo exigiam cautela na Europa assim como na Ásia oriental e mediterrânea. Divisões internas acentuadas enfraqueceram a posição da França ao mesmo tempo em que ela se viu sem o apoio dos Estados Unidos e da Grã-Bretanha, que lhe fora prometido em troca de deixar a Renânia como parte da Alemanha. Quando, em março de 1936, os alemães quebraram a outra parte daquele acordo ao militarizar novamente a Renânia, o governo francês decidiu que ainda não reagiria com ação militar. Os tratados assinados pela França com vários dos novos Estados do Leste Europeu não eram vistos como substitutos eficazes para a aliança franco-russa da era pré-1914, e um tratado com a União Soviética acordado em 1935 não pareceu útil quando o líder soviético, Josef Stalin, estava cortando as lideranças do exército daquele país por meio de um expurgo em massa e não existia uma fronteira comum entre a Alemanha e a União Soviética.

Quando, em março de 1938, Hitler ordenou que o exército alemão marchasse sobre a Áustria, nenhum país estava disposto a lutar pela independência de um povo que, conforme demonstrado por fotos e relatos, mostrava-se feliz em perdê-la. Os austríacos precisaram de sete anos sendo alemães para descobrir que, afinal, não o eram. Entretanto, a anexação da Áustria surtiu vários efeitos imediatos significativos. O apoio interno a Hitler na Alemanha ganhou novo fôlego. A Alemanha conquistou ativos econômicos consideráveis, assim como novas fronteiras com a Itália, a Hungria e a Iugoslávia, e aumentou sensivelmente a ameaça à Tchecoslováquia.

A crise com a Tchecoslováquia

Hitler esperava invadir a Tchecoslováquia no outono de 1938 e tomar quase o país inteiro, deixando talvez sua província mais oriental para a Hungria e uma área bem reduzida para a Polônia. Essa que seria a primeira de suas guerras planejadas deveria estar protegida de uma intervenção externa pela geografia e pela propaganda. O aspecto geográfico estava claro pelo próprio mapa da Europa: com a exceção da fronteira reduzida com a Romênia, os países limítrofes com a Tchecoslováquia eram todos inimigos dela, com exigências territoriais contra ela. O aspecto da propaganda era a presença, dentro da Tchecoslováquia, de cerca de três milhões de alemães, vivendo principalmente nas regiões de fronteira da Boêmia. Caso houvesse atenção suficiente concentrada nos pretensos sofrimentos dessa minoria, e se seus membros se sentissem estimulados a criar incidentes violentos o suficiente, a invasão da Tchecoslováquia pelos alemães poderia ser percebida como um castigo merecido no qual outros não interfeririam. Afinal, as fronteiras tinham sido traçadas, acompanhando as preferências das diversas populações. O fato de que, no processo, o Estado da

Tchecoslováquia desaparecesse aconteceria, na visão de Hitler, tarde demais para que qualquer um o impedisse. A campanha de propaganda alemã funcionou muito bem, ainda que sofresse um efeito inesperado no final. O governo britânico incitou os líderes tchecos a fazer grandes concessões à minoria alemã ao mesmo tempo em que Hitler ordenava que eles mantivessem altas suas exigências. Em julho de 1938, o governo francês comunicou secretamente ao governo tcheco que a França não podia nem iria debater a questão da minoria alemã. E Canadá, União Sul-Africana e Austrália expediram alertas semelhantes. O primeiro-ministro britânico, Neville Chamberlain, ainda tinha esperanças de evitar a guerra, oferecendo concessões por parte do governo tcheco. E, embora Winston Churchill criticasse publicamente tal abordagem, ele informou às autoridades de Praga, em caráter confidencial, que, se estivesse no poder, teria adotado a mesma decisão.

Quando pareceu que a Alemanha estava prestes a atacar, Chamberlain insistiu em viajar para lá. Hitler, que ainda pretendia entrar em guerra, não poderia se recusar a receber o primeiro-ministro britânico. Na expectativa de que essa exigência não fosse atendida, ele insistiu para que a Tchecoslováquia deixasse suas áreas de fronteira com a minoria alemã, bem como suas fortificações defensivas. Para surpresa e decepção de Hitler, Chamberlain obteve o acordo com o governo de Praga e transmitiu-o a ele numa segunda reunião. Quando, em seguida, Hitler apresentou novas exigências para evitar um acordo pacífico, os governos britânico e francês, reconhecendo que a Alemanha procurava uma desculpa para promover a guerra, iniciaram a mobilização e deixaram claro que lutariam caso a Alemanha atacasse. Nesse contexto, e ao tomar conhecimento de que o povo alemão ainda preferia a paz, Hitler atendeu a um apelo de Mussolini, cujo país não estava em condições de enfrentar um conflito maior depois de uma guerra para conquistar a Abissínia/Etiópia e via-se ainda envolvido com a ajuda aos exércitos nacionalistas de Francisco Franco na Guerra Civil Espanhola. Hitler cancelou a invasão à Tchecoslováquia e concordou com um terceiro encontro em Munique, onde se contentou com seu objetivo ostensivo mais do que com o real.

A Alemanha deflagra a Segunda Guerra Mundial

O acordo de Munique, segundo o qual a área de fronteira da Boêmia, de população predominantemente alemã, foi cedida à Alemanha, tem sido visto, em geral, como uma submissão à agressão alemã. Ainda que tenha levado a um suspiro de alívio mundial por evitar uma guerra geral, ele foi fortemente ressentido por Hitler, que veio a percebê-lo como o pior erro de sua carreira. Acertada ou erradamente, ele acreditava que a guerra, naquela época, seria melhor para a Alemanha. Assim, não só decidiu que a guerra aconteceria no ano seguinte, 1939, como também que a conduziria de forma a evitar ser enganado, que era o que achava que Chamberlain fizera em 1938. O restante da Tchecoslováquia seria tomado na primeira oportunidade criada pela Alemanha; a população alemã seria incitada ao fervor da guerra, e assim se seguiria a guerra contra as potências ocidentais, que ele acreditava ser um pré-requisito para a subsequente invasão da União Soviética. Para garantir que a Alemanha concentrasse suas forças no Ocidente, os vizinhos ao leste deveriam estar subordinados à Alemanha. No inverno de 1938-39, essa subordinação foi obtida da Hungria e da Lituânia, mas não foi o caso da Polônia.

Os líderes da Polônia recuperada estavam dispostos a fazer concessões à Alemanha mediante negociações sérias. Estavam prontos para facilitar o trânsito entre o principal território alemão e a Prússia oriental, e a partilhar a Cidade Livre de Danzig de forma que a própria cidade caberia à Alemanha, mas eles não subordinariam o país inteiro à Alemanha. Ainda que conscientes da posição fraca do país entre uma Alemanha hostil e uma União Soviética igualmente hostil, eles estavam determinados a lutar em vez de abdicar de sua independência. Essa posição da Polônia coincidiu com uma mudança nas políticas da França e da Grã-Bretanha.

O óbvio descontentamento da Alemanha com a anexação das áreas fronteiriças tchecas, supostamente a última exigência alemã, levou a novas leituras em Paris e Londres. Durante o inverno, rumores sobre um possível ataque alemão aos Países Baixos, Romênia e Polônia resultaram numa mudança segundo a qual ambos os governos concluíram que, se a Alemanha atacasse qualquer país disposto a se defender, eles acorreriam com ajuda. Essa visão foi reforçada pela subsequente ocupação alemã da área principal e central da Tchecoslováquia em março de 1939, indicando que a minoria germânica na Tchecoslováquia nunca fora, de fato, a preocupação do governo de Berlim. Essa medida fortaleceu a disposição das duas potências ocidentais para se preparar para o combate numa próxima agressão alemã, caso a vítima tivesse que se defender. Tomada essa resolução, a Grã-Bretanha lançou sua primeira diretriz para convocação militar em tempo de paz. Depois da Segunda Guerra Mundial, isso significaria um acordo dos Aliados quanto à transferência forçada da minoria germânica de volta à Alemanha. O grito deles fora "Heim ins Reich", Regresso ao Reich, e teriam seu desejo satisfeito de uma forma nada prevista.

Hitler pretendia uma campanha isolada contra a Polônia, vista como uma medida necessária antes de um ataque contra a França e a Grã-Bretanha. No entanto, ele estava preparado para enfrentar os três países, simultaneamente. Com a invasão da Polônia programada para o outono, Hitler esperava que o inverno adiasse qualquer retaliação mais séria por parte do Ocidente. Além disso, uma aliança explícita com a Itália e as negociações com o Japão eram vistas como formas de desestimular a intervenção da Grã-Bretanha e da França. No entanto, a luta contra o Exército Vermelho na fronteira entre o Estado fantoche de Manchukuo e o Estado cliente soviético da Mongólia (o incidente de Nomonhan ou Khalkin-Gol) indispôs os japoneses para um envolvimento na época. Na ótica de Berlim, uma alternativa óbvia de acordo com o Japão seria um acordo com a União Soviética, que desejava ampliar suas conquistas territoriais com a Polônia e poderia auxiliar a Alemanha ultrapassando quaisquer bloqueios quando em guerra com as potências ocidentais.

As relações entre Alemanha e União Soviética eram boas antes de Hitler chegar ao poder e, assim, Stalin, por repetidas vezes, tentara restaurá-las. Mas, até o inverno de 1938-39, Hitler rechaçara esses esforços, pois a União Soviética não tinha uma fronteira comum com a Áustria ou a Tchecoslováquia. Agora, porém, a situação era diferente. Assim como Hitler acreditava na inferioridade racial dos povos eslavos que, segundo ele, a Alemanha poderia facilmente subjugar no momento apropriado, Stalin era da opinião de que o fascismo era um estágio do capitalismo, de que seria interesse dos soviéticos que os Estados capitalistas lutassem entre si, e que as doutrinas agrárias expansionistas dos nazistas serviam apenas de disfarce para os verdadeiros objetivos de um regime subserviente aos interesses monetários, em busca de mercados e lucros. Desconsiderando o alerta do presidente americano Franklin Roosevelt de que uma vitória da Alemanha na Europa Ocidental a faria voltar-se contra a União Soviética e os Estados Unidos, Stalin fez uso de negociações para uma aliança publicamente anunciada com a Grã-Bretanha e a França, a fim de negociar secretamente com Alemanha. Visto que a expectativa de Hitler era recuperar tudo o que fora cedido à União Soviética e algo mais assim que a França e a Grã-Bretanha fossem aniquiladas, ele estava pronto para oferecer a Stalin o que desejasse. Quando o ministro das relações exteriores alemão Joachim von Ribbentrop foi enviado a Moscou, em 1939, para assinar um pacto de não agressão e um protocolo secreto dividindo a Europa Oriental, fruto de discussões em contatos diplomáticos, ele foi autorizado a ceder além daquilo que Stalin solicitasse. O tratado econômico que precedeu os acordos assinados em Moscou em 23 de agosto assegurou à Alemanha os meios para romper qualquer bloqueio, além de um parceiro na destruição da Polônia.

Ao saber do acordo assinado em Moscou, Hitler ordenou a invasão da Polônia. Advertido por Chamberlain de que a Grã-Bretanha manteria seu compromisso com a Polônia, ele adiou a invasão por alguns dias, em um esforço para desencorajar Londres, mas, em seguida, ordenou o ataque. Dessa vez, ele se assegurou de que a Alemanha não fosse pega em nenhuma conversa de paz, conforme acreditava que acontecera em 1938. Da mesma forma, não houve negociações detalhadas com a Polônia, como houvera com a Tchecoslováquia; e as exigências finais sobre a Polônia, supostamente moderadas, foram anunciadas para garantir o apoio ao front doméstico alemão, mas mesmo essas foram mantidas em sigilo até que fossem declaradas prescritas. Nos últimos dias decisivos, os embaixadores alemães em Varsóvia, Londres e Paris foram afastados de seus postos por um líder cujo único medo, segundo o que declarou a seus comandantes militares, era de que, no último momento, algum *Saukerl* (desgraçado) propusesse uma conciliação.

A preocupação de Hitler era desnecessária. O governo britânico, que acabara de assinar uma aliança formal com a Polônia, expediu um ultimato para a Alemanha para que retirasse as tropas invasoras e declarou-lhe guerra quando, como era previsto, a retirada não aconteceu. A França adotou um procedimento semelhante poucas horas depois. O Canadá, a Austrália e a Nova Zelândia declararam guerra à Alemanha, assim como a União Sul--Africana, após um breve intervalo. O governo colonial da Índia declarou guerra, enquanto a Irlanda optou pela neutralidade. O império colonial francês foi automaticamente envolvido no conflito, e, embora Mussolini ainda não estivesse pronto para juntar-se à Alemanha, uma nova guerra mundial estava claramente a caminho.

Capítulo 2
O início da Segunda Guerra Mundial

As invasões da Polônia

Tão logo percebeu que não poderia separar as potências ocidentais da Polônia, Hitler ordenou o início da guerra, ainda que em seu cronograma constasse um dia a mais para negociações. Não houve uma declaração formal de guerra. Logo cedo na manhã de 1º de setembro de 1939, bombardeiros alemães fizeram um ataque aterrorizante à cidade polonesa de Wielun, arrasando o hospital comunitário, metralhando residentes e matando cerca de 1.200 civis. Seguiram-se ataques semelhantes a outras cidades polonesas, enquanto os alemães reagiam ao pedido do presidente Roosevelt para que poupassem alvos civis lançando uma bomba no local da embaixada americana em Varsóvia.

Devido às discussões nos anos anteriores sobre a responsabilidade pela guerra de 1914, com grande atenção voltada para a sequência de mobilizações, o governo polonês havia contido a mobilização. Seu plano para defender grandes áreas do país contra a invasão espalhou as forças de modo muito frágil para bloquear os invasores alemães em quaisquer dos lugares em que atacassem. Colunas de blindados, auxiliadas por apoio tático aéreo, penetraram rapidamente em diversos pontos, e a infantaria alemã avançou com os tanques ou logo atrás deles. Em alguns trechos, as unidades polonesas lutaram bem o suficiente para desacelerar o avanço alemão, mas foram situações logo anuladas pelo movimento das colunas alemãs de contornar os defensores (Mapa 1).

1. A campanha polonesa

Há diversos aspectos a observar na incursão alemã sobre a Polônia. Ainda que o emprego maciço de blindados com apoio da força aérea alemã ajudasse nos rápidos avanços e rupturas das linhas inimigas, era considerável o desgaste desses equipamentos no terreno, nas estradas precárias, nos campos de pouso – algo que os líderes militares alemães não tinham levado em conta ao preparar a invasão da União Soviética. A forte dependência das forças alemãs da cavalaria para todos os tipos de transporte, desde a tração da artilharia até a remoção de feridos, foi ocultada por filmes de propagandistas que enfatizavam a motorização do exército alemão, muito fora da realidade. Ordens para o extermínio do clero polonês e da elite do país em geral haviam sido dadas antes do ataque, em função da expectativa de que a população inteira fosse, no final, substituída por colonos alemães de modo que potenciais organizadores da resistência fossem removidos o mais rápido possível. De forma semelhante, quantidades imensas de civis poloneses e um número considerável de judeus foram dizimados conforme o exército alemão começou sua participação cada vez maior no que se tornou um genocídio. Na campanha da Polônia, houve exceções pontuais a essa prática e sérias objeções por parte de alguns integrantes do exército alemão. Essas relutâncias e objeções chamaram a atenção da liderança alemã e resultaram em outras abordagens.

Desde os primeiros dias de guerra, o governo alemão incitou a União Soviética a invadir a Polônia oriental. A princípio, Moscou se conteve, em parte por motivos políticos, em parte pelo combate ininterrupto contra as forças japonesas em Nomonhan. Assim que houve um acordo com os japoneses derrotados para cessar as hostilidades, o Exército Vermelho penetrou no leste da Polônia, exatamente onde os poloneses esperavam resistir durante o inverno. Embora esse avanço alinhado com os alemães selasse o destino da Polônia independente, ele não deu fim ao papel da Polônia na guerra. Com as devidas formalidades, as tropas alemãs e soviéticas se mobilizaram para a fronteira que fora incluída no acordo secreto, e os soviéticos devolveram aos alemães prisioneiros de guerra alemães liberados muito mais rápida e cuidadosamente do que viriam a liberar os prisioneiros de guerra ingleses e americanos em 1945. Entretanto, vários navios de guerra poloneses fugiram para juntar-se aos Aliados, e foram muitos os soldados poloneses que conseguiram escapar. Alguns especialistas da inteligência polonesa migraram para o Ocidente, fornecendo a britânicos e franceses informações essenciais ao decifrar os códigos das máquinas de codificação alemãs. Um governo no exílio, instalado em Londres para representar os interesses poloneses junto aos Aliados, foi reconhecido oficialmente pelo governo britânico e, de forma semelhante, pelos Estados Unidos e vários outros países.

Uma pequena Força Expedicionária Britânica (FEB) juntou-se às forças francesas mobilizadas e direcionadas para fortificações de fronteira. Não houve, porém, nenhum movimento ofensivo significativo para aliviar a pressão da Alemanha sobre a Polônia. A pouca atividade aérea limitou-se estritamente a alvos militares, com cidades alemãs vendo apenas o lançamento de panfletos. Em 1940, esse quadro começou a mudar depois que a força aérea alemã desencadeou seu programa de ataques terroristas a cidades do Ocidente.

A Alemanha anexou, em caráter formal, a Cidade Livre de Danzig e uma extensa parte da Polônia. Esses territórios anexados deveriam ser germanizados, com a expulsão de grandes contingentes de poloneses (a maioria dos habitantes) e muitos judeus. Os poloneses foram levados para a parte central do antigo país agora organizado em uma nova unidade chamada "o Governo Geral", submetido a um comando rigoroso ao se tornar o "lixão" para os que tinham sido expulsos de casa. Segundo um acordo com a União Soviética, a população de origem cultural germânica dos estados bálticos e, mais tarde, de partes da Romênia anexadas pelos soviéticos foi levada para campos na Polônia sob controle alemão. Muitas vezes, as pessoas eram assentadas em lares de poloneses expulsos, enquanto outras definhavam nos campos por anos. A questão a ser observada é que aqui, e no movimento simultâneo de muitos alemães para fora da região sul do Tirol devolvida à Itália após a guerra anterior, podemos ver a opção alemã diante do princípio dos Aliados de 1919. Em vez de tentar ajustar as fronteiras à nacionalidade dos habitantes, elas deveriam ser traçadas conforme o gosto do vencedor para, em seguida, os habitantes serem ajustados às novas fronteiras. Embora os Aliados aplicassem esse procedimento aos alemães no final da guerra, eles não adotaram uma outra diretriz aplicada pelos alemães a partes da Europa Oriental conquistadas. Chamada de "Heuaktion", Operação Feno, envolveu o sequestro de milhares de bebês e crianças pequenas que pareciam "germânicas" e eram encaminhadas para adoção por famílias alemãs.

A guerra no mar

Foi no contexto dos oceanos – através, acima e por baixo deles – que o combate entre a Alemanha e os Aliados começou em setembro de 1939 e continuou até a rendição alemã em maio de 1945. Em alguns casos, navios de guerra e navios de guerra auxiliares alemães (navios mercantes convertidos) tinham sido enviados mundo afora antes do início das hostilidades, e agora começavam a atacar navios mercantes dos Aliados. Outros navios de guerra foram incorporados nos anos seguintes. Um episódio marcante nesse processo foi a batalha entre o encouraçado alemão *Graf Spee* e três cruzadores britânicos ao largo das costas argentina e uruguaia, em dezembro de 1939, na qual os cruzadores foram danificados e o *Graf Spee* foi afundado. Os submarinos alemães começaram a afundar navios em escala considerável, com o navio de passageiros *Athenia* em 3 de setembro de 1939 inaugurando a contagem de forma impressionante. Os ingleses recorreram mais rapidamente a um sistema de comboios do que no conflito anterior, mas a Batalha do Atlântico, como ficou conhecida, teve idas e vindas depois disso. Do lado britânico, houve ocasiões em que a quebra do código naval alemão se mostrou útil no direcionamento de navios e comboios em torno das disposições dos submarinos alemães. Era comum esses submarinos estarem dispostos em grupamentos dirigidos por quartéis generais especiais em terra, reportando-se a eles por meio de radiocomunicação. Ao avistar um comboio, o submarino principal convocava os demais para um ataque conjunto. Essas mensagens de rádio estavam sujeitas à interceptação, assim como as mensagens navais inglesas entre a base e os comboios. De modo geral, até 1943, a decodificação alemã ficou algumas vezes à frente dos ingleses, ao passo que a partir daquele ano os ingleses, auxiliados pelos americanos, ficaram à frente dos alemães até o fim da guerra. A invenção de um detector de direção de alta frequência, denominado Huff-Duff, também auxiliou os Aliados na campanha para defender a navegação, assim como a participação cada vez maior da marinha canadense e, mais tarde, o fornecimento de porta-aviões de escolta pelos Estados Unidos. Aviões com grande autonomia de voo, quando designados para essa missão, desempenharam um papel relevante nos esforços dos Aliados, até mais expressivo do que o dos dirigíveis.

Cabe mencionar duas outras formas de apoio à campanha alemã no mar. Por vezes, os aviões de grande autonomia serviam como meio de encontrar navios e comboios de difícil localização por submarinos. Esses aviões também atacavam navios, tanto os mercantes quanto outra embarcação de escolta qualquer. A outra forma de ajuda, vinda da União Soviética, ocorreu nos primeiros anos da guerra. Stalin não compreendeu que ajudar os alemães a direcionar os Aliados para fora do continente, primeiro ao Norte, em seguida a Oeste e subsequentemente ao Sul o deixaria sozinho com os alemães no Leste. Da mesma forma, ele errou ao não perceber que os navios aliados afundados com auxílio dos soviéticos não poderiam ressurgir do fundo do oceano para levar suprimentos para a União Soviética depois desta ser atacada pelos alemães. Na ocasião, em troca de alguns equipamentos navais e um cruzador inacabado, ele permitiu que os alemães utilizassem o porto de Murmansk para suas atividades navais, forneceu à marinha alemã uma base no oceano Ártico e possibilitou que um cruzador auxiliar alemão transitasse pela via marítima ao norte, passando pela Sibéria até o oceano Pacífico, para lá afundar navios dos Aliados. Para o esforço de guerra alemão, o mais importante era a provisão de grandes quantidades de suprimentos importantes como combustível e metais não ferrosos e o transporte de borracha e outros materiais essenciais do leste da Ásia por trem, até que a Alemanha invadisse a União Soviética e parasse os últimos trens.

Ainda que o apoio soviético à marinha alemã provavelmente tenha contribuído para as posteriores objeções do comandante em chefe da marinha alemã, almirante Raeder, a um ataque alemão à União Soviética, ele pressionou Adolf Hitler a fazer duas outras movimentações na guerra naval durante o inverno de 1939-40. Iniciando em outubro de 1939, ele defendeu o afundamento sistemático de navios americanos. Ao compartilhar a premissa geral dos líderes alemães de que o papel dos Estados Unidos não fora relevante na guerra anterior, ele estava pronto para retomar as hostilidades com aquele país se simplificasse a situação para os submarinos alemães autorizá-los a afundar qualquer navio que encontrassem.

Na época, Hitler não permitiu a medida. Até que a Alemanha pudesse construir sua frota de superfície para lidar com os Estados Unidos ou contasse com um aliado com uma marinha igualmente robusta, ele preferia não estimular os Estados Unidos a mobilizar seu potencial militar. No verão de 1940, o primeiro passo após a vitória no Ocidente foi a ordem de Hitler para a retomada da construção da marinha de alto-mar para a guerra contra os Estados Unidos, mas, por ora, ele preferia deixar os americanos dormirem.

A invasão alemã da Dinamarca e da Noruega

A outra movimentação enfatizada pelo almirante Raeder era a ocupação alemã da Noruega, com a Dinamarca também tomada para facilitar as comunicações, de modo que a marinha alemã tivesse o acesso ao Atlântico facilitado. A tomada das bases norueguesas para a guerra contra a Grã-Bretanha tinha sido um interesse da marinha alemã na Primeira Guerra Mundial e ele continuou elevado no período entreguerras. Hitler, da mesma forma, viu isso como um movimento importante na guerra contra os britânicos. Uma vantagem suplementar com a ocupação da Noruega seria que o controle das águas fora da costa norueguesa garantiria a segurança dos carregamentos de ferro da Suécia no inverno, quando grande parte do Mar Báltico estivesse congelado, e a Alemanha dependia do ferro sueco em quarenta por cento de suas necessidades. Hitler autorizou os preparativos para essa operação e manteve-se firme nela quando alguns dos altos comandos da marinha manifestaram dúvidas. Desde o início, presumia-se que a Noruega se tornaria parte permanente da Alemanha, com uma base naval de porte em Trondheim, que viria a se tornar uma cidade alemã, dotada de uma imensa autoestrada ligando-a ao continente germânico.

Hitler teria preferido, acima de tudo, atacar pelo Ocidente, através dos três Países Baixos, no final do outono de 1939. Uma combinação de dificuldades técnicas depois da campanha na Polônia, algumas objeções internas no corpo militar, e principalmente problemas climáticos levaram a uma série de adiamentos. Em apoio às forças alemãs que avançavam contra qualquer resistência oferecida por populações neutras invadidas e pelos Aliados, esperava-se que a força aérea alemã fornecesse um auxílio tático robusto. Ela havia sido concebida, em primeiro lugar, para cumprir esse papel. Assim, períodos prolongados de mau tempo no inverno desempenharam um papel significativo, causando adiamentos que levaram ao ataque pelo Norte antes da mobilização da Alemanha no Ocidente.

No inverno de 1939-40, o combate que mais atraiu a atenção da época foi entre a União Soviética e a Finlândia. Logo após a derrota da Polônia pela aliança germano-soviética, a União Soviética obrigou os três estados bálticos da Estônia, Letônia e Lituânia a permitirem a permanência das forças soviéticas em seus territórios. Uma exigência simultânea por território e outras concessões da Finlândia levou a negociações finalizadas pelos soviéticos com o ataque ao país em 30 de novembro. Aquela fora uma mobilização considerada por Moscou anteriormente, e estabeleceu-se ali um governo fantoche para o que se presumia que um país rapidamente conquistado se tornasse. A realidade, porém, mostrou-se bem diferente das expectativas soviéticas. Enquanto na parte mais ao norte do front o Exército Vermelho ocupou a costa finlandesa no oceano Ártico, tanto na parte mais ao sul e no centro o Exército Vermelho encontrou uma resistência ferrenha e algumas derrotas locais. Um reforço maciço permitiu que os soviéticos repelissem os finlandeses na parte essencial do sul do front em fevereiro de 1940. Com alguma mediação sueca, as negociações de paz encerraram o combate em março. A Finlândia foi obrigada a ceder território à União Soviética tanto nas regiões sul e central da fronteira e a permitir a instalação de uma base naval no sudoeste, mas o soviéticos evacuaram o território que tinham ocupado ao norte. O governo fantoche foi dissolvido e nunca instalado no território tomado da Finlândia. A União Soviética foi expulsa da Liga das Nações, e toda a série de acontecimentos certamente acarretou-lhe imenso descrédito internacional. Os alemães viram no desempenho insatisfatório do Exército Vermelho durante os primeiros tempos do combate uma confirmação de sua opinião sobre ele como irremediavelmente incompetente, e não atentaram para o fato de que os homens do Exército Vermelho muitas vezes continuavam lutando com determinação sob as circunstâncias mais difíceis. A possibilidade de que os britânicos contassem com apoio finlandês para ocupar a Noruega reforçou a concordância de Hitler com os argumentos do almirante Raeder para uma invasão alemã daquele país.

O planejamento da Alemanha para invadir a Dinamarca e a Noruega foi, ao mesmo tempo, simples e complicado. Foi simples no sentido de que não haveria declaração de guerra, mas somente um ataque surpresa a dois países neutros, sendo que nenhum dos dois participara da guerra anterior. Navios de guerra alemães e transportadores de tropas levariam soldados que, combinados com alguns paraquedistas, logo tomariam pontos essenciais na Noruega, enquanto um navio com tropas simplesmente entraria pelo porto dinamarquês, na capital Copenhague. O governo dinamarquês e o norueguês receberiam ordem de rendição, e os dois países, ou aquele que não se rendesse, seriam destruídos em um combate posterior. As partes complicadas do plano referiam-se à invasão da Noruega. A costa extensa do país significava que os ataques precisariam estar a uma distância considerável um do outro. Com isso, surgiram duas dificuldades. A primeira era que seria necessária quase toda a marinha de superfície alemã para levar e escoltar as forças ao seu destino, expondo-se, assim, à marinha britânica, da qual se podia esperar uma interferência máxima nas operações alemãs. A segunda era que o porto de Narvik era especialmente importante, não só por ser o ponto final da ferrovia proveniente das minas de ferro suecas, mas era também o mais distante das bases alemãs (Mapa 2). No primeiro dos dois problemas, a marinha alemã só correria risco no combate naval, que acabou levando a perdas ainda maiores do que as previstas. No segundo, os alemães esperavam por duas formas de ajuda para facilitar sua tarefa. Um funcionário público norueguês, ocupante de

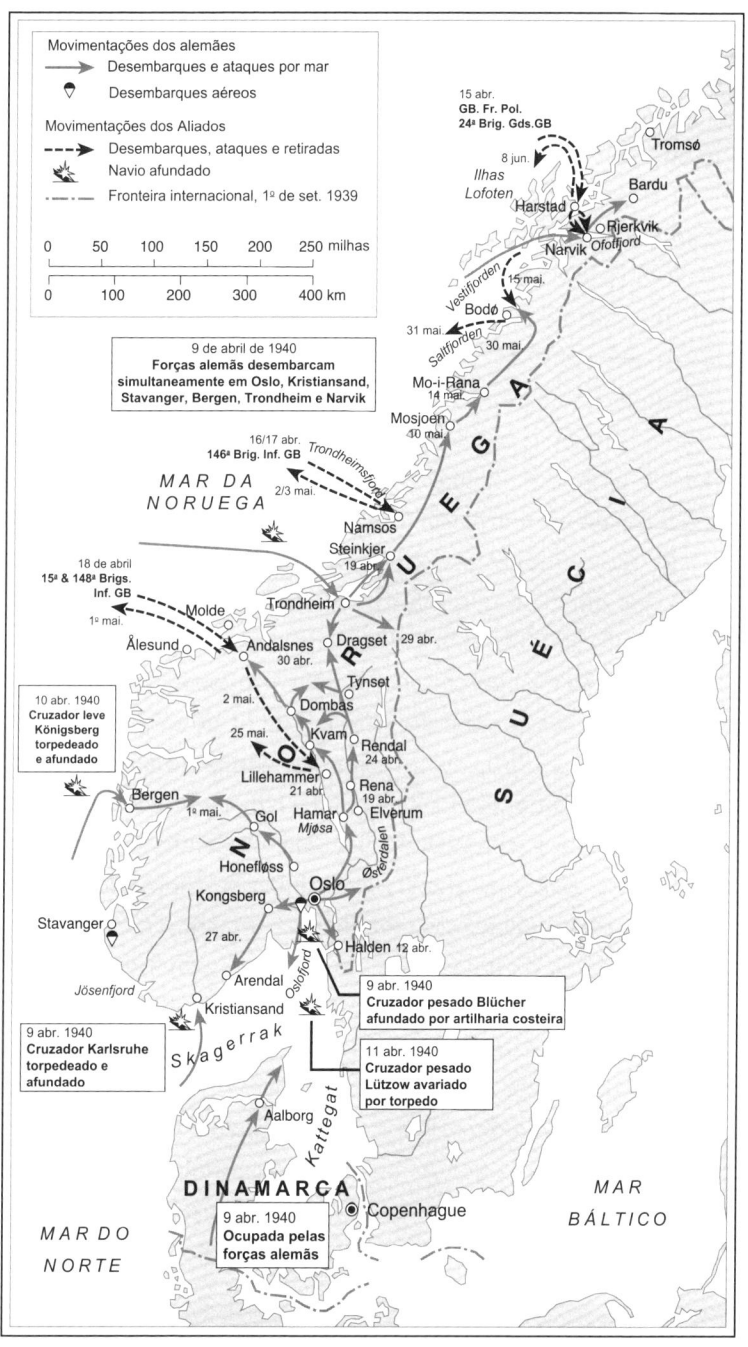

2. A campanha norueguesa

um alto cargo em Narvik, era simpatizante da Alemanha como seguidor do traidor norueguês Vidkun Quisling, que mantinha contato com a Alemanha, e poderia ajudar os alemães no desembarque das forças. Além disso, a base fornecida pelos soviéticos no oceano Ártico oferecia um porto de onde suprimentos e outros navios poderiam alcançar Narvik pelo outro lado, fora de qualquer eventual interferência da marinha britânica.

Os navios com as forças de ataque e as escoltas deixaram os portos alemães no começo de abril, enquanto oficiais alemães à paisana viajaram para Copenhague e Oslo para entregar as exigências de rendição. A rendição dos dinamarqueses foi imediata, mas a do governo norueguês não. O conluio dos alemães com Quisling ajudou em Narvik, porém serviu para provocar a maioria dos noruegueses contra a Alemanha. O novo cruzador pesado alemão *Blücher* foi afundado enquanto navegava por um fiorde em direção à capital, Oslo, e o governo norueguês deixou a cidade, em seguida, mudando-se para a Inglaterra. As forças alemãs desembarcaram com sucesso na importante cidade de Trondheim e tomaram o controle de campos de pouso ali e em outros lugares do país. Entretanto, as forças desembarcadas em Narvik viram-se em dificuldades quando a Grã-Bretanha imobilizou os dez destróieres que as havia transportado. Uma força anfíbia aliada desembarcou na cidade e a tomou, mas evacuou-a depois que os alemães atacaram a oeste, em maio de 1940. As tropas britânicas, francesas e polonesas desembarcaram em dois lugares a pouca distância de Trondheim, mas ambos eram liderados de forma precária e não contavam com cobertura aérea. O controle aéreo alemão e a desorganização generalizada dos Aliados foram decisivos no combate ao sul da Noruega. A situação levou a outro governo no exílio em Londres, mas houve pontos positivos importantes para os Aliados como resultado da conquista da Noruega pelos alemães.

Durante a campanha pela Noruega, a marinha britânica perdeu um porta-aviões e vários navios de guerra menores, mas a perda da marinha alemã foi mais acentuada. Dois navios de combate, *Scharnhorst* e *Gneisenau*, foram seriamente torpedeados. Diversos cruzadores, além do *Blücher*, foram afundados ou avariados, e os únicos navios de guerra de tamanho considerável que a marinha alemã deixara de prontidão em 1º de julho de 1940 foram um cruzador pesado e dois leves, e quatro destróieres. Muitos dos navios avariados foram recuperados, mas, no período crítico do verão de 1940, a força naval alemã não foi robusta o suficiente para resistir a uma invasão da Inglaterra.

Ainda assim, a conquista da Noruega de fato auxiliou o esforço de combate dos alemães de várias maneiras. Havia agora bases navais com acesso direto para o oceano Atlântico. Quando a Alemanha invadisse a União Soviética, além de uma base para um ataque à base naval soviética em Murmansk, haveria também excelentes instalações para interferir, pelo ar e pelo mar, nos esforços britânicos e mais tarde americanos, enviando navios com ajuda para a União Soviética, pela rota do norte. Por fim, o controle alemão da Noruega facilitou a pressão sobre a Suécia para que oferecesse assistência ainda maior ao esforço de combate alemão, não só com o envio de carregamentos de ferro em navios suecos como também permitindo que tropas e suprimentos alemães utilizassem o sistema ferroviário sueco. O medo de que os suecos dinamitassem as minas de ferro impediu a Alemanha de invadir o país, mas a premissa era de que, depois da vitória na guerra, esse seria outro país de conquista fácil. Os planos para essa conquista foram, sem dúvida, traçados durante a guerra, mas, em vez disso, as tropas na Noruega foram retidas em prontidão para enfrentar uma invasão dos Aliados, esperada pelos alemães, de tempos em tempos, pelo resto da guerra.

À época da ocupação da Dinamarca e do combate na Noruega, os alemães deram pouca ou nenhuma atenção aos dois territórios associados à Dinamarca: Islândia e Groenlândia. Em vez deles, os britânicos se mobilizaram para ocupar a Islândia e o presidente Roosevelt declarou a Groenlândia como pertencente ao hemisfério ocidental. Essas foram medidas que auxiliariam os Aliados na Batalha do Atlântico nos anos posteriores. No entanto, em 1940, os alemães nem mesmo dispunham de recursos navais e de transporte para sequer considerar a tomada desses territórios, tão importantes para o cenário maior da guerra.

A derrota dos Aliados na Noruega ocasionou a renúncia imediata de Neville Chamberlain como primeiro--ministro britânico. Lorde Halifax foi, então, o candidato preferido pelo partido conservador, então no governo, para assumir o cargo. Halifax, porém, não julgou factível liderar o governo em um período conturbado de guerra desde a Câmara dos Lordes e, então, renunciou ao cargo. Por consequência, Winston Churchill tornou-se primeiro-ministro, apesar de, como Primeiro Lorde do Almirantado, arcar com grande parte da responsabilidade pela má condução da campanha norueguesa. O novo gabinete, que assumiu o poder em 10 de maio, o dia do ataque alemão no oeste, foi uma coligação dos partidos conservador, trabalhista e liberal. O governo de coalisão, com pouquíssimas alterações em sua composição, dirigiu o governo britânico pela maior parte do restante da guerra.

Outro ângulo do inverno de 1939-40 deve ser mencionado pelas repercussões relevantes sobre os desdobramentos subsequentes. Vários contatos diplomáticos secretos entre elementos na Alemanha e o governo britânico discutiram a possibilidade de oferecer à Alemanha um acordo de paz justo se os opositores do regime hitlerista dentro da Alemanha conseguissem derrubar Hitler. A resposta uníssona dos governos britânico e francês foi que a Alemanha poderia obter a paz, desde que a Tchecoslováquia e a Polônia recuperassem sua independência. Quaisquer que fossem as diferenças em relação ao regime de Hitler entre os alemães envolvidos nessas negociações, houve dois pontos de suprema importância para os Aliados. O óbvio foi de não haver qualquer tentativa de derrubar o governo de Hitler até julho de 1944. E o outro, que pode não ter sido visto como uma depreciação óbvia para os opositores de Hitler dentro da Alemanha, mas que exerceu um impacto significativo sobre o pensamento acerca da Alemanha no governo britânico, foi que alguns daqueles que supostamente estariam dispostos a participar do golpe contra Hitler tinham, ainda assim, se envolvido no planejamento e na execução das invasões de uma série de países neutros. Essas duas observações levaram à perda de toda credibilidade que esses opositores internos ao regime de Hitler tivessem com os negociadores dos Aliados. A conclusão a que o novo primeiro-ministro (que sabia dos primeiros contatos e concordara com eles) e outros do governo britânico chegaram foi que não deveria haver nenhuma outra negociação até que ocorresse, de fato, um golpe. Houvesse um golpe, eles decidiriam sobre a melhor política a adotar.

Capítulo 3
A GUERRA NO OCIDENTE: 1940

Os planos de guerra

A princípio, Hitler esperava atacar pelo Ocidente no final do outono de 1939. Os adiamentos até a primavera de 1940 surtiram três efeitos maiores nessa ofensiva. O primeiro foi que o tempo podia ser e foi usado pelos alemães para remediar alguns dos problemas encontrados na campanha contra a Polônia, enquanto nem franceses nem britânicos aproveitaram as lições do que havia acontecido. O segundo foram os sucessivos alertas da proximidade de uma ofensiva por parte dos opositores ao regime de Hitler na Alemanha, especialmente o coronel Hans Oster do setor de inteligência do Alto Comando das Forças Armadas (OKW), que surtiram o efeito inesperado de ter o último (e preciso) alerta totalmente menosprezado. O terceiro foi o intervalo de tempo empregado para uma reorientação mais expressiva da ofensiva planejada pelos alemães que interagiu, de modo fatal, com os planos franceses e britânicos para lidar com qualquer ataque alemão.

Já no princípio de maio de 1938, Hitler comunicara a seus conselheiros militares que haveria uma incursão no Ocidente através dos Países Baixos. O plano original para a ofensiva de 1939 previa que, diferentemente de 1914, quando os alemães invadiram a Bélgica e Luxemburgo, agora a Holanda seria também invadida. Haveria um flanco direito forte, mas seu principal objetivo seria capturar portos e bases para a futura guerra contra a Grã-Bretanha em vez do cerco das forças francesas, um aspecto essencial do plano de 1914. Nesse ínterim, o governo holandês e o belga se recusavam a coordenar seus esforços de defesa com a França e a Grã-Bretanha, temendo provocar a Alemanha. Como resultado, os Aliados decidiram avançar para apoiar os Países Baixos depois do ataque. Com base em planos que continham parte da ordem de ataque alemão extraídos de um oficial alemão sobrevivente de um avião abatido, os Aliados presumiram que os alemães avançariam segundo pretendiam a princípio. Devido à recusa dos Países Baixos em coordenar a estratégia, os Aliados teriam de enviar as unidades mais motorizadas se esperavam interceptar os alemães antes que penetrassem na França. Além disso, como parte da ideia de manter os alemães o mais longe possível da França, o comandante em chefe francês, general Maurice Gamelin, decidiu que a principal reserva francesa, o 7º Exército, deveria ser enviada à Holanda, no flanco esquerdo das forças enviadas para salvar os países neutros atacados. Como se isso não bastasse para privar suficientemente a França de unidades que pudessem ser mobilizadas numa emergência, ele também designou metade de todas as forças francesas para a Linha Maginot de defesas fixas, construída em anos anteriores ao longo da fronteira com a Alemanha.

Entretanto, durante o intervalo criado pelos adiamentos, os alemães mudaram de plano. Em vez de um flanco direito forte da força de invasão, eles decidiram atacar pelas Ardenas e partir para o Canal da Mancha, no processo de eliminar quaisquer forças inglesas ou francesas que viessem em auxílio a holandeses e belgas. Esses dois países, seriam, então, forçados a uma rendição incondicional por meio de uma combinação de estratagemas: paraquedistas tomariam pontos decisivos antes que estivessem adequadamente aparelhados e defendidos; soldados alemães usando uniformes holandeses confundiriam defesas que os holandeses viessem a instalar, e esperavam que o bombardeio pesado de cidades e o extermínio expressivo de civis desmoralizassem a população e a máquina militar.

A vitória alemã no Ocidente

As forças alemãs atacaram no dia 10 de maio, capturando fortificações belgas essenciais com paraquedistas e concentrando unidades blindadas e uma infantaria motorizada para ruptura das linhas inimigas nas Ardenas para uma travessia precoce do rio Mosa, alcançado já no dia 13 de maio. Uma combinação de tanques e infantaria motorizada avançou até o Canal, onde chegaram na noite de 20-21 de maio (Mapa 3). Por essa época, os holandeses tinham se rendido incondicionalmente, com a mudança do governo para Londres e grande parte da cidade de Roterdã devastada por um ataque aéreo alemão. Esse foi o evento crítico e decisivo para a resolução dos britânicos de suspender as restrições à Royal Air Force (RAF, Força Aérea

Real), autorizando-a a iniciar o bombardeio de cidades alemãs. Os esforços dos Aliados para contra-atacar a investida alemã tinham falhado, em grande parte pelo posicionamento equivocado das forças francesas e por uma estrutura de comando irremediavelmente desorganizada entre os Aliados ocidentais e dentro das forças francesas. A Bélgica, apesar da mobilização de forças consideráveis, muitas delas eficazes no combate, também se rendeu incondicionalmente em 28 de maio. Isso enfraqueceu ainda mais as forças aliadas, que haviam acorrido e, consequentemente, foram interceptadas pelo avanço dos alemães rumo ao Canal.

O comando francês tentou criar um front pelo norte da França, abaixo da linha de penetração alemã. Muito preocupado com a possibilidade de que isso, conforme acontecera na Primeira Guerra Mundial, levasse ao posicionamento bélico em um front de centenas de quilômetros, o comandante alemão do grupo de exércitos que liderara o rompimento das linhas inimigas, general von Rundstedt, com a aprovação de Hitler em 24 de maio, deteve as unidades blindadas que atacavam na direção dos portos, ainda sob controle britânico e francês. Assim, poderiam se recuperar e reparar danos antes de rumar para o sul e enfrentar qualquer nova frente francesa de defesa. Hitler acreditou na promessa de Hermann Göring, comandante da força aérea alemã, de que essa força, de enorme ajuda para o avanço até então, poderia destruir a unidades aliadas isoladas. A combinação entre um combate defensivo eficaz, o deslocamento maciço de todo tipo de navio e a força aérea britânica partindo de bases domésticas com a parada temporária da força blindada alemã, possibilitou a evacuação de mais de 200 mil soldados ingleses e mais de 100 mil franceses das praias de Dunquerque. Todo o armamento foi abandonado, mas uma parte considerável do exército da Grã-Bretanha sobreviveu.

O novo comandante das forças francesas, general Maxime Weygand, tentou organizar a nova linha de defesa, esperando que as tropas evacuadas das forças isoladas ao norte a reforçaria, uma vez reequipadas e reorganizadas na Inglaterra. Muito antes desse desdobramento, os alemães atacaram a linha no dia 5 de junho. Após alguns dias de combate pesado, os alemães penetraram, ocuparam Paris em 14 de junho e marcharam em frente apesar da luta corajosa de algumas unidades francesas. Naqueles dias de junho, unidades do exército alemão começaram a massacrar soldados franceses das colônias africanas que tinham se rendido, um outro passo no declínio do exército, da sarjeta na Polônia para o esgoto das campanhas subsequentes.

No contexto de uma vitória alemã aparentemente rápida no Ocidente, governos pelo mundo todo precisaram tomar novas decisões. Para Benito Mussolini, parecia ser o momento de unir-se à Alemanha em guerra contra a França e a Grã-Bretanha se a Itália fizesse jus a quaisquer espólios de uma guerra que, na sua imaginação, tinha sido ganha. Ainda que a Itália não estivesse preparada para um conflito maior, ela agora declarava guerra aos aliados do país na Primeira Guerra Mundial, promovia um pequeno ataque nos Alpes contra os franceses e, de forma bastante

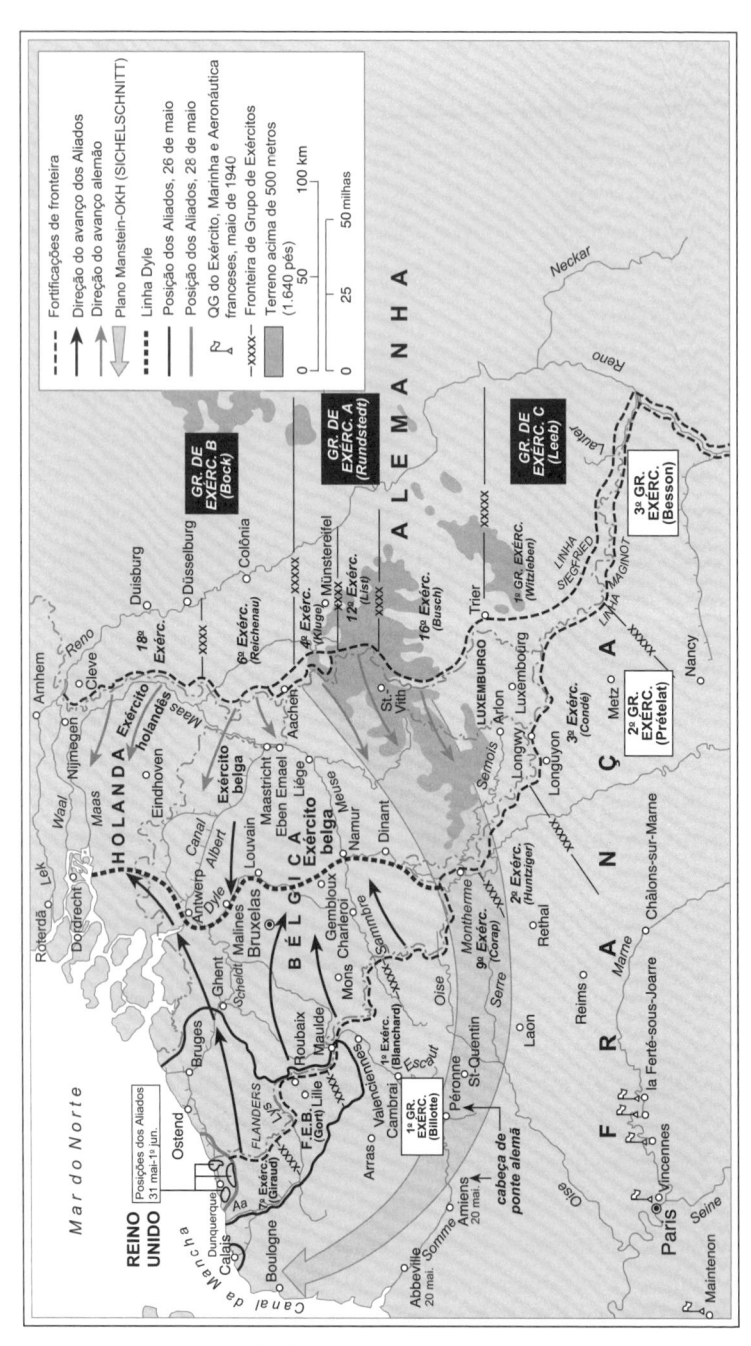

3. O colapso da França

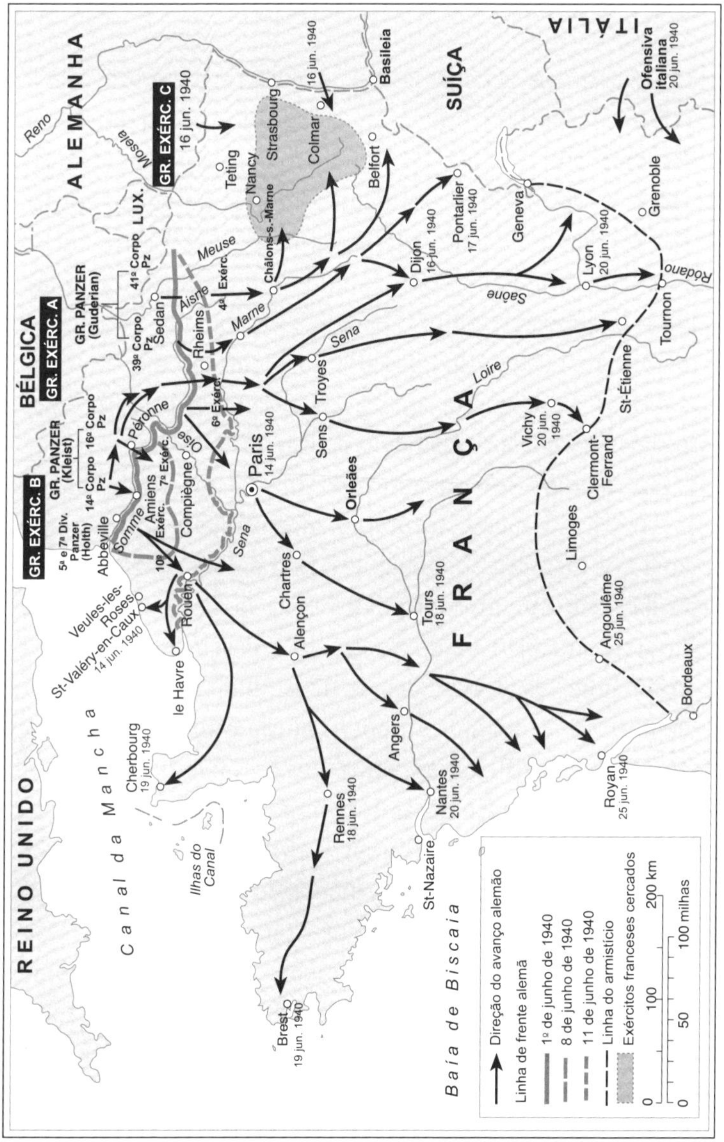

REINO UNIDO
BÉLGICA
ALEMANHA
LUX.
SUÍÇA
ITÁLIA
F R A N Ç A
Canal da Mancha
Baía de Biscaia
Ilhas do Canal
GR. EXÉRC. B
GR. EXÉRC. A
GR. EXÉRC. C
GR. PANZER (Kleist)
GR. PANZER (Guderian)
5ª e 7ª Div. Panzer (Hoth)
14º Corpo Pz
16º Corpo Pz
39º Corpo Pz
41º Corpo Pz
10º
7º Exérc.
6º Exérc.
4º Exérc.
16 jun. 1940
Ofensiva italiana 20 jun. 1940
Reno
Mosela
Meuse
Aisne
Marne
Somme
Oise
Sena
Loire
Saône
Ródano
Abbeville
Amiens
Péronne
Compiègne
Sedan
Rheims
Teting
Nancy
Strasbourg
Colmar
Châlons-s.-Marne
Belfort
Basileia
Veules-les-Roses
St-Valéry-en-Caux 14 jun. 1940
Rouen
le Havre
Cherbourg 19 jun. 1940
Paris 14 jun. 1940
Troyes
Sens
Chartres
Orleães
Alençon
Tours 18 jun. 1940
Angers
Nantes 20 jun. 1940
St-Nazaire
Rennes 18 jun. 1940
Brest 19 jun. 1940
Dijon 16 jun. 1940
Pontarlier 17 jun. 1940
Geneva
Lyon 20 jun. 1940
Grenoble
Tournon
St-Étienne
Vichy 20 jun. 1940
Clermont-Ferrand
Limoges
Angoulême 25 jun. 1940
Royan 25 jun. 1940
Bordeaux
Direção do avanço alemão
Linha de frente alemã
1º de junho de 1940
8 de junho de 1940
11 de junho de 1940
Linha do armistício
Exércitos franceses cercados
0 100 200 km
0 50 100 milhas

tímida, iniciava campanhas no norte e no nordeste da África. Francisco Franco, que concluíra a conquista da Espanha em abril de 1939, também considerava entrar ao lado da Alemanha, mas ele queria assegurar os ganhos da Espanha antes, e não depois, de se aliar às hostilidades. Ele viria a ajudar a Alemanha de muitas maneiras, mas uma vez que não conseguiu de Hitler, nem naquela época nem mais tarde, uma garantia absoluta do controle total sobre as áreas que desejava, ele fez com que a Espanha permanecesse supostamente neutra.

A União Soviética mostrava-se disposta a auxiliar a ocupação alemã da Noruega e entusiasmada com a ofensiva dos alemães no Ocidente. Com o êxito surpreendente da campanha, o regime de Moscou presumiu que era hora de amealhar o que lhe era devido pelo acordo com a Alemanha. Os três estados bálticos foram ocupados e, em seguida, anexados, e a população de origem germânica remanescente foi autorizada a sair. A Finlândia sofreu novas pressões e a Romênia foi obrigada a ceder a Bessarábia e uma parte da Bucovina. Conforme já mencionado, toda a Lituânia foi tomada, incluindo a parte prometida à Alemanha, e houve divergências entre Moscou e Berlim quanto às exigências à Finlândia e à extensão das exigências territoriais à Romênia, mas essas questões foram resolvidas diplomaticamente. O ponto essencial não percebido por Stalin foi que essas medidas da União Soviética facilitaram a implementação das novas decisões do governo alemão.

O governo francês se transferiu para Bordeaux como em 1914, mas uma nova liderança sob o marechal

Philippe Pétain e Pierre Laval estava determinada a tirar o país da guerra mais do que continuar lutando a partir de seu império colonial empregando a frota francesa basicamente intocada. Eles pediram um armistício por intermédio da Espanha, e Hitler mostrou-se bastante inclinado a impor as condições já que, à época, ele não tinha como tomar o império colonial francês; preferia que a frota francesa não continuasse em combate; presumia que a Grã-Bretanha poderia facilmente ser derrotada e, conforme será reexaminado, já estava interessado, em 1940, em mobilizar forças rumo ao Leste para invadir a União Soviética. Sob tais circunstâncias, ele restringiu as exigências de Mussolini em relação aos franceses, decidiu ocupar a maior parte da França, incluindo toda a costa francesa do Canal e do Atlântico, e deixou uma parte do país temporariamente não ocupada, porém indefensável sob Pétain. O marechal francês tinha esperanças de uma posição para a França que seria reformulada internamente ao longo de linhas autocráticas em uma Europa dominada pelos alemães. Os alemães jamais desejaram cooperar com o novo regime francês, mas isso não desestimulou Pétain; e as forças autorizadas sob seu comando, dentro da França não ocupada e em colônias leais ao seu governo estabelecido na cidade turística de Vichy, tinham instruções para nunca combater alemães, italianos ou japoneses, mas sempre lutar contra britânicos, franceses e, mais tarde, quaisquer americanos que se juntassem a eles. Um armistício germânico-franco e um ítalo-franco passaram a ter efeito na noite de 24 para 25 de junho de 1940, com mais de um milhão de soldados franceses capturados e feitos prisioneiros pelos alemães. Um pequeno número de franceses natos juntou-se ao recém-promovido general Charles de Gaulle no que veio a ser conhecido como movimento das Forças Francesas Livres, às quais várias colônias francesas da África central e do Pacífico Sul se reuniram nos meses posteriores, enquanto o regime em Vichy se organizava para entregar aos alemães as reservas de ouro da Bélgica na África Ocidental.

O governo britânico, com Churchill em pessoa num papel central, tentara arduamente persuadir os franceses a continuar lutando. Num adendo a um tratado anterior que comprometia os dois países a não assinarem um tratado de paz separado, o governo de Londres decidiu positivamente por um projeto para que se fundissem em um só nessa emergência, mas o novo regime da França nem chegou a considerar a ideia. O governo britânico levou pouco tempo para chegar a uma decisão nessa situação difícil. Os britânicos prosseguiriam combatendo a Alemanha e a Itália desde o Reino Unido, pelo maior tempo possível, e da Commonwealth e do império, se necessário. A evasão da maior parte do corpo de oficiais profissionais do país e de numerosos soldados de Dunquerque estimulou essa posição, reforçada por uma frente doméstica que o início dos bombardeios alemães fortaleceu em vez de abrandar. O governo esperava uma invasão alemã, mobilizou uma Home Guard [no princípio Voluntários Locais de Defesa] de homens mais velhos para ajudar na defesa do país, e concordou com uma proposta do chefe do Estado-maior imperial, marechal de campo sir John Dill, de usar gás venenoso contra forças alemãs que chegassem à costa. Ante a possibilidade de uma ocupação alemã de parte ou de todas as ilhas britânicas, o governo enviou suas reservas de ouro e moeda estrangeira para Toronto e Montreal, e iniciou os preparativos para combate de guerrilha em qualquer parte ocupada da Grã-Bretanha enquanto o governo prosseguia dirigindo a guerra desde o Canadá.

É possível que o Duque de Windsor, anteriormente Rei Eduardo VIII, tenha pensado em desempenhar um papel semelhante ao de Pétain na França e que o primeiro-ministro inglês na Primeira Guerra Mundial, David Lloyd George, esperasse imitar Laval. Entretanto, os três partidos políticos britânicos estavam representados em um gabinete que, de outra forma, ansiava pela vitória final sobre a Alemanha, combinando bombardeios, bloqueios e uma força expedicionária de apoio às populações das terras ocupadas pela Alemanha ao se erguerem contra os alemães, convencidos de poder explorá-los e hostilizá-los. O Duque foi defenestrado para as Bahamas, e Lloyd George permaneceu uma voz isolada no Parlamento. Em 19 de julho, quando Hitler sugeriu selar a paz, todas as decisões essenciais tinham sido tomadas em Londres, e o secretário do exterior lorde Halifax declarou publicamente a rejeição à paz com a Alemanha.

Antes, o governo britânico insistira para que a frota francesa rumasse para portos ingleses, caso a França fosse liberada da obrigação de não assinar um tratado de paz separado. Quando o governo de Vichy discordou, os britânicos desarmaram os navios de guerra franceses ou, quando os que estavam no norte da África se recusaram a seguir para as Índias Ocidentais Francesas, destruiu-os com a artilharia naval. Foi o final triste de uma aliança, mas o governo de Londres não poderia depender de garantias francesas ou alemãs em relação a esses navios nem se defender contra a invasão se a Alemanha incorporasse a frota francesa à italiana e à sua própria. Foi nesse sentido que as perdas e os danos aos navios de guerra alemães na campanha da Noruega foram cruciais. Além do mais, como os alemães planejavam invadir a Inglaterra, o controle total do ar era tão decisivo para eles quanto para os Aliados em 1944.

A reação dos Estados Unidos

Os acontecimentos surpreendentes registrados na Europa Ocidental, na primavera e no início do verão de 1940, surtiram efeitos relevantes nos Estados Unidos. Com uma eleição presidencial prevista para aquele ano, Franklin Roosevelt, contra sua inclinação anterior, decidiu concorrer para um terceiro mandato e, também contra uma prática do país, anterior e subsequente, criou um tipo de governo de coalisão, colocando republicanos destacados em altos postos da administração. As leis de neutralidade do país tinham sofrido mudanças mínimas e, apesar dos debates infindáveis e muito veementes, haveria outras mais. No final de 1938, o presidente ordenou a construção de uma força aérea robusta. Com o perigo rondando o país tanto pelo Atlântico quanto pelo Pacífico, ele solicitou ao Congresso verbas (votadas em julho de 1940) para uma "marinha de dois oceanos". No outono, a maioria no Congresso concordou que o país precisava de um exército considerável e não algo inexpressivo e instituiu a primeira convocação em tempo de paz. Ainda que esse exército estivesse quase dissolvido um ano mais tarde, ele começou, de fato, a crescer e a incorporar uma quantidade mínima de armas modernas. A França e a Grã-Bretanha tinham encomendado quantidades expressivas de equipamento militar às fábricas americanas, e a Grã-Bretanha assumiu os contratos franceses. Dado que eram contratos com a provisão "pagou, levou" das leis de neutralidade modificadas, o caixa britânico se esvaziou rapidamente com o aumento das entregas. No final do ano, esse processo levou a um apelo de Churchill junto a Roosevelt e, em contrapartida, à proposta do presidente americano do sistema Lend-Lease [empréstimo-arrendamento], aprovado pelo Congresso em março de 1941.

Ao contrário de alguns de seus conselheiros, no verão de 1940, o presidente confiava na resistência da Inglaterra, e foi até o limite permitido por lei para ajudar a ilha combatente. Roosevelt enviou para a Inglaterra sobras de armamento da Primeira Guerra Mundial, que ajudaram a armar a Home Guard. Ele organizou a troca de cinquenta destróieres ultrapassados por aluguéis de 99 anos para bases americanas em possessões britânicas no hemisfério ocidental, uma providência anunciada para a população como fortalecedora da segurança do país em tempos de grande perigo. Foram intensos e difíceis os debates sobre essa e outras questões nos Estados Unidos, mas, em novembro de 1940, os eleitores conferiram a Roosevelt um terceiro mandato sem precedentes. Em um aspecto o esforço alemão para atingir a Grã-Bretanha em 1940 tornou alguns americanos favoráveis à ajuda àquele país, conforme assistiam a filmagens e ouviam reportagens radiofônicas sobre a tentativa de arrasar Londres.

Além de trazer consequências relevantes para a situação interna do país, a vitória da Alemanha resultou em novas decisões no contexto militar. O efeito doméstico mais importante foi a solidificação da aprovação pública em relação ao regime nazista. Em uma época em que a lembrança dos combates prolongados e sangrentos da Primeira Guerra Mundial no Ocidente ainda sobrevivia na mente da população, o surgimento de uma vitória rápida e acachapante, com um mínimo relativo de perdas, repercutiu favoravelmente para o regime. Além desse impacto sobre as pessoas, houve também um efeito sobre as forças militares alemãs. Coroando o sólido programa de Hitler de subornar os mais altos níveis do exército, marinha e aeronáutica com pagamentos secretos, isentos de taxação, a vitória sobre a França conferiu promoções a generais e almirantes e ainda um sentimento de confiança na opinião de Hitler. A forma como a Alemanha se manteve coesa pelo resto da Segunda Guerra Mundial não pode ser compreendida sem esse reforço surpreendente do apoio ao regime nazista, agora fortalecido pelo entusiasmo com uma vitória identificada pessoalmente com Hitler.

A Alemanha decide invadir a União Soviética

Antes mesmo da assinatura do armistício com a França, Hitler e o chefe de Estado-maior do exército, general Franz Halder, tinham começado a planejar a invasão da União Soviética. A vitória no Ocidente era supostamente o pré-requisito para conquistar espaço vital da União Soviética no Leste, e a expectativa inicial era de que essa operação fosse deslanchada no outono de 1940 e concluída com êxito naquele ano. Essa questão é examinada a seguir, em maior detalhe, mas os líderes alemães também precisaram lidar com a resistência permanente da Grã-Bretanha. Planejou-se uma invasão da costa sul da Inglaterra com dezenas de milhares de soldados (com apoio de milhares de cavalos) desembarcando em determinadas praias. Havia uma lista impressa de quem deveria ser preso, e uma pessoa foi designada para ser chefe da polícia em Londres. O necessário controle aéreo estaria garantido pela força aérea alemã.

A Batalha da Grã-Bretanha, como veio a ser denominada, do final de junho à primeira quinzena de setembro, resultou na primeira grande derrota da Alemanha na guerra. Ainda que as perdas fossem expressivas para ambos os lados, a RAF resistiu, apoiada por uma população que não podia ser forçada a exigir a paz. Os caças ordenados pelo governo de Chamberlain e dirigidos pelo marechal do ar Dowing, com o auxílio de radar, localizadores e artilharia antiaérea, obviamente não foram abatidos até meados de setembro de 1940. Depois dessa data, o tempo se tornou hostil demais no Canal para qualquer tentativa de invasão. Com a invasão fora de cogitação naquele ano, o bombardeio maciço de cidades inglesas durante o inverno causou danos e baixas significativas, mas não conseguiu abater o moral da população. Ao contrário, ele estimulou o moral do exército britânico, que se reorganizava e reequipava, com a instauração de comandos para atacar a costa controlada pelos alemães, e com o sentimento de uma possível virada do jogo por parte de alguns habitantes das áreas ocupadas pela Alemanha ao verem aviões ingleses sobrevoando para bombardear primeiro os preparativos para invasão na costa e, depois, alvos na própria Alemanha.

Se a derrota da Alemanha na Batalha da Grã-Bretanha obrigou Hitler a adiar a invasão da Inglaterra para 1941, outros problemas provocaram o mesmo efeito sobre sua esperança de invadir a União Soviética em 1940. Vastos contingentes de forças alemãs tiveram de ser desmobilizados do Ocidente para as áreas orientais da Alemanha e da Polônia ocupada. Era necessário reparar e aumentar a quantidade dos equipamentos. As baixas registradas na campanha do Ocidente e as perdas de aviões, tanques e outras armas tinham de ser compensadas. Era também essencial a melhoria significativa do transporte e das instalações para armazenamento nas áreas orientais onde o grosso das forças alemãs deveria estar baseado e de onde seu avanço para o leste teria de ser abastecido. No final de julho de 1940, Hitler reconheceu que, quando os preparativos necessários estivessem concluídos, o início do inverno estaria próximo demais para uma única temporada de campanha em 1940. E, assim, ela também teve de ser adiada para a primavera de 1941. Prevista para obter um rápido sucesso, a campanha desestimularia os britânicos enquanto estimularia os japoneses a seguir em frente para o leste da Ásia e, assim, desviar os americanos de qualquer atividade na Europa até que a Alemanha estivesse pronta para atacá-los. O planejamento da Alemanha para a campanha no Leste estava bem encaminhado em agosto de 1940 e será examinado no capítulo 4. Já em agosto de 1940, aspectos diplomáticos desses preparativos afetaram a situação internacional. A Alemanha inverteu sua política em relação à Finlândia, e agora esperava que ela auxiliasse no ataque à União Soviética em vez de ser absorvida. A disputa territorial entre a Hungria e a Romênia também foi resolvida pela Alemanha, que a partir de então deu garantias à Romênia, enviando-lhe tropas e esperando sua participação na invasão da União Soviética.

A liderança soviética percebeu essas mudanças nas diretrizes alemãs e, em novembro, enviou o comissário de política externa Viatcheslav Molotov a Berlim para compor um novo acordo. Nada resultou dessa missão, mas Stalin ainda se recusava a acreditar que a Alemanha pretendia atacar seu país. Nada despertou o líder soviético: nem uma cópia das orientações para a invasão datada de dezembro de 1940, obtida pela inteligência soviética, nem a síntese delas, fornecida aos americanos por um opositor de Hitler e que Roosevelt transmitiu a Stalin em fevereiro de 1941. Ele estava determinado a continuar fornecendo materiais essenciais à Alemanha, a não alertar as forças armadas de seu país e a não interferir no reconhecimento aéreo alemão sobre a União Soviética, iniciado em outubro de 1940.

A guerra na África e no Oriente Médio

Enquanto os alemães bombardeavam a Grã-Bretanha e preparavam o ataque à União Soviética, Mussolini mobilizava as forças italianas na África de forma discreta. No nordeste africano, as tropas italianas ocuparam a pequena colônia da Somalilândia Britânica. Entretanto, dali em diante, o exército italiano na Eritreia, na Somalilândia Italiana e na Etiópia ocupada foi incapaz de resistir ao ataque das forças britânicas vindo do Quênia em fevereiro de 1941. As tropas italianas foram derrotadas e capturadas ou sitiadas em guarnições isoladas. O imperador exilado Haile Selassie voltou para Adis Abeba e, em abril de 1941, Roosevelt declarou o Mar Vermelho fora da zona de guerra, de forma que os navios americanos com provisões para o exército britânico no Egito pudessem avançar, dobrando o Cabo da Boa Esperança e descarregando no Canal de Suez. Nessa época, o presidente americano também criara uma rota aérea para o envio de suprimentos para os ingleses no Oriente Médio que se estendia de Takoradi, na costa oeste da África, e atravessava as colônias francesas que tinham se unido a De Gaulle.

Nesse ínterim, Itália sofreu uma série de outras derrotas militares. Os alemães foram firmes com Mussolini, comunicando-lhe que queriam os Bálcãs sem movimentação. Ao saber que as tropas alemãs estavam a caminho da Romênia, ele concluiu que a medida fora tomada para que a Alemanha pudesse antecipar-se a qualquer outro país com um papel destacado na área, fosse a União Soviética ou a Itália. Para afirmar o papel da Itália, ele ordenou uma invasão à Grécia no final de outubro de 1940, sem consultar Berlim, assim como Berlim não se reportara a Roma antes de enviar tropas para a Romênia. A diferença era que os romenos esperavam lutar contra a União Soviética ao lado da Alemanha para recuperar territórios cedidos aos soviéticos (e talvez outros ainda), enquanto os gregos lutavam contra os italianos para conservar sua independência. Com auxílio mínimo da Grã--Bretanha, que derrotou a frota italiana na Batalha de Cabo Matapão em março de 1941, os gregos lutaram com êxito e fizeram os italianos recuar para a Albânia, ocupada pela Itália em 1939. Além disso, as forças italianas do norte da África também estavam sendo derrotadas.

O exército italiano na Líbia era conduzido e preparado de forma tão precária quanto aquele que invadira a Grécia. Houve um pequeno avanço sobre o Egito e, depois, os italianos se acomodaram enquanto os britânicos construíam suas forças. A despeito do perigo para as ilhas britânicas, Churchill insistira em enviar reforços e equipamentos para o Egito. Em 11 de novembro de 1940, aviões ingleses avariaram diversos navios de guerra italianos no Mediterrâneo. Em 9 de dezembro, os britânicos atacaram o exército italiano no Egito, surpreendendo-o e derrotando-o, e cobriram cerca de 96 quilômetros até a fronteira do Egito com a Líbia. No início de janeiro, os britânicos atacaram novamente, e naquele mês e no seguinte destruíram o exército italiano em Beda Fomm, capturando mais de 100 mil homens. O avanço dos britânicos chegou ao que poderia ter sido uma parada temporária em El Agheila. A possibilidade de tomar o restante da Líbia em 1941 foi abortada pela reação alemã às derrotas italianas e, por sua vez, a reação inglesa às medidas da Alemanha para recuperar sua aliada italiana.

Os fracassos militares italianos na Grécia e na África colocaram a liderança alemã diante de dois problemas práticos. Se todo o império colonial da Itália fosse perdido, conforme parecia cada vez mais provável, o resultado seria a ruína do regime de Mussolini. Muito preocupado com essa situação, Hitler reiterou a antiga oferta de enviar uma força expedicionária à Líbia. O que Mussolini antes recusara, agora aceitava. Daí originou-se o Afrika Korps [Corporação Africana da Alemanha], liderada por um dos generais favoritos de Hitler, Erwin Rommel, enviado ao norte da África em fevereiro de 1941 para ajudar na defesa da Líbia e avançar sobre o Egito.

Outro perigo em relação à situação da Itália, segundo a visão de Berlim, era a possibilidade de os aviões ingleses nas bases gregas atacarem os campos de petróleo romenos, essenciais para o desempenho bélico da Alemanha. A melhor forma de a Alemanha lidar com o problema era levando as forças alemãs a atacarem a Grécia a partir da Bulgária e talvez do sul da Iugoslávia, exatamente as áreas de fronteira de onde os gregos haviam retirado suas tropas para sustar a invasão italiana. Esperava-se certa facilidade em obter o acordo com a Bulgária e assim foi: a ela foi prometido um território grego, perdido após a Primeira Guerra Mundial, que costeava o Mar Egeu. Foi preciso pouco tempo para que a Alemanha chegasse a um acordo com a Iugoslávia também, mas ele foi impossibilitado por um golpe em Belgrado, em 27 de março de 1941, que substituiu o governo que havia firmado um pacto com a Alemanha. A partir de então, Hitler decidiu atacar a Iugoslávia e a Grécia também.

No domingo, dia 6 de abril de 1941, os alemães inauguraram sua campanha com um bombardeio pesado sobre Belgrado, a capital iugoslava, avançando rapidamente naquele país e sobre a Grécia (Mapas 4a e 4b). A invasão da Iugoslávia foi concebida não só para conquistá-la como também para evitar uma repetição da retirada do exército ao sul do país, como ocorrera na Primeira Guerra Mundial.

Nisso os alemães foram bem-sucedidos, e eles levaram a Itália, a Hungria e a Bulgária a encerrar os combates ali rapidamente, oferecendo a cada nação um pedaço do país (do qual a Alemanha também anexou uma parte). No entanto, a área não permaneceu pacífica como os alemães esperavam, e as forças de resistência exigiram o envio de forças alemãs e italianas nos anos posteriores. Os alemães também tiveram êxito em entrar pelo norte da Grécia e expulsar dali a pequena força britânica instalada. A superioridade aérea e os avanços rápidos das colunas de blindados, amparados por paraquedistas em pontos estratégicos, garantiram uma ocupação alemã rápida e bem-sucedida do país inteiro.

A conquista da Grécia abriu a possibilidade de um ataque à ilha de Creta. Uma invasão combinada de paraquedistas com navios de superfície conseguiu vencer uma resistência britânica expressiva. Mais uma vez, a Grã-Bretanha teve de evacuar um destacamento, mas as baixas entre as tropas alemãs aerotransportadas foram

4a. Campanha contra a Iugoslávia

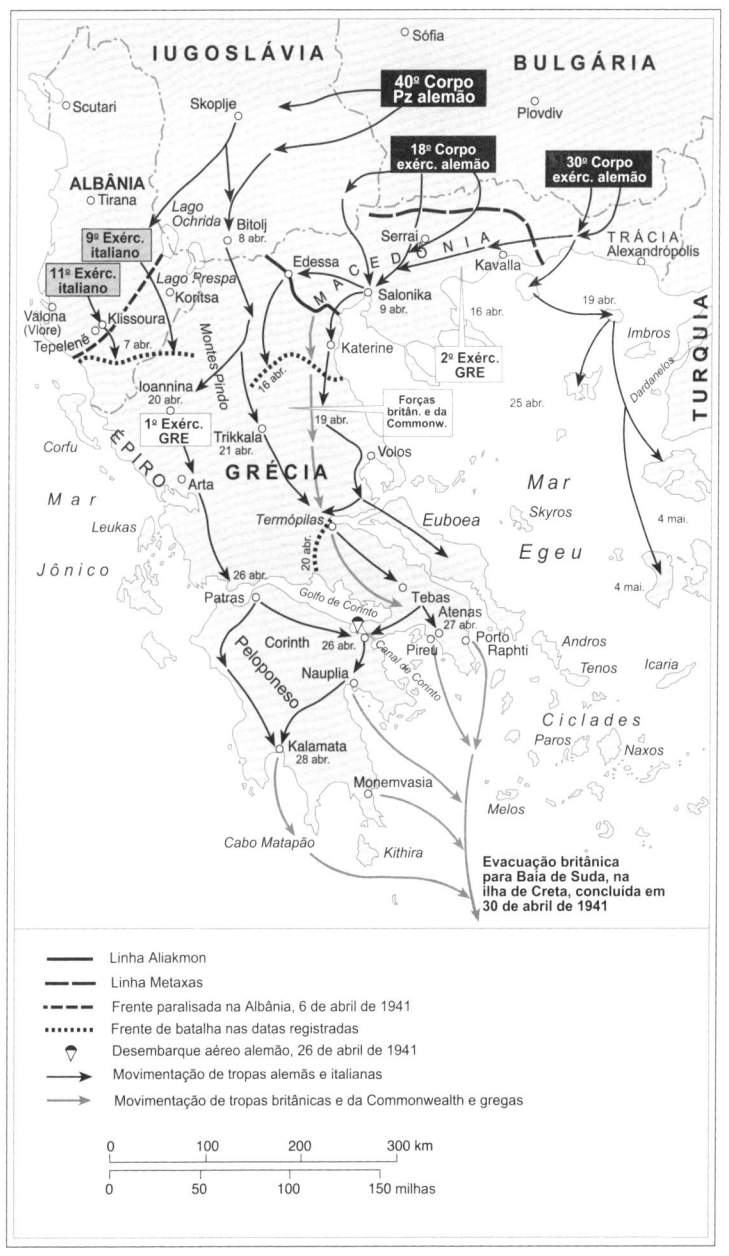

4b. Campanha dos Bálcãs

tantas que a Alemanha suspendeu novas operações com paraquedistas na guerra. Os ataques ítalo-germânicos à ilha de Malta testaram duramente aquela base de aviões e submarinos ingleses, mas a suspensão do emprego de qualquer força aerotransportada para ajudar a tomar a ilha significou que os planos do Eixo nesse sentido jamais poderiam ser executados. Ainda que os comboios para reabastecer e rearmar Malta sofressem perdas significativas, a ilha continuou como base para as campanhas da Grã-Bretanha no Mediterrâneo.

Por pouco tempo, parecia que tudo naquele teatro de operações sucumbiria ao Eixo. Rommel atacou a Líbia no final de março e rapidamente forçou os britânicos a recuarem para o Egito. Sem condições de tomar a cidade portuária de Tobruk, ele foi interceptado pelos britânicos, que reorganizaram as unidades evacuadas da Grécia e de Creta. Entretanto, eles foram incapazes de derrotar a força combinada ítalo-germânica de Rommel em sua ofensiva devastadora em meados de junho. Por outro lado, uma rebelião pró-Eixo no Iraque, em abril, foi aniquilada por forças britânicas, principalmente a partir da Índia, em maio. O líder iraquiano, Rashid Ali al-Gaylani, viajou até a Alemanha onde, como o nacionalista árabe-palestino, Haj Amin al-Husayni, esperava obter ajuda para expulsar os britânicos do Oriente Médio, sem jamais reconhecer que o jugo alemão ou italiano talvez fosse mais duro do que o domínio britânico. A ajuda limitada oferecida pela Alemanha à revolta no Iraque foi enviada por meio do Mandato Francês da Síria, pelo qual as autoridades de Vichy fizeram o possível para ajudar a Alemanha. Tal situação provocou os britânicos, que invadiram a Síria em 8 de junho. Ao contrário de sua posição fracassada contra os alemães no ano anterior, a força francesa na Síria lutou incessantemente contra tropas australianas, britânicas, da França Livre e indianas até o armistício de 14 de julho. Os alemães não tinham como oferecer uma ajuda expressiva por estarem concentrados na invasão da União Soviética que, de acordo com o planejamento alemão, deveria ser seguida (e não precedida) pela tomada do Oriente Médio. Os britânicos devolveram a Síria a De Gaulle assim que ficou claro que não haveria perigo iminente de uma investida maior da Alemanha na área. Um importante efeito das vitórias inglesas no Iraque e na Síria foi que aquilo que se tornou a rota sul de suprimentos para a União Soviética permaneceu sob o controle dos Aliados em vez da alternativa perigosa: uma base do Eixo ameaçando o Cáucaso desde o sul.

Capítulo 4

Operação Barbarossa:
a invasão da União Soviética

O planejamento da invasão
da União Soviética e o Holocausto

Ainda que a Alemanha começasse a planejar a invasão da União Soviética no verão de 1940, ficou claro para Hitler que os preparativos não poderiam prosseguir com rapidez suficiente para a campanha curta que ele esperava concluir em 1940, antes da chegada do inverno. No dia 31 de julho de 1940, ele informou aos principais conselheiros militares que a invasão aconteceria na primavera de 1941. Os preparativos práticos começaram logo: melhorias no transporte e suprimento de provisões no leste da Prússia e nas áreas polonesas controladas pelos alemães, assim como a transferência de tropas posicionadas no Ocidente. O planejamento nos quartéis-generais militares alemães, no verão e no outono de 1940 e primeiros meses de 1941, fundamentou-se em diversas premissas, sendo que a maioria viria a estar errada. Presumia-se que a campanha terminasse antes do inverno de 1941-42, e que os primeiros ventos cortantes provocassem um colapso total do regime. Entretanto, o mau desempenho do Exército Vermelho contra a Finlândia, no inverno de 1939-40, encobriu o fato de que grandes contingentes de soldados do Exército Vermelho tinham continuado a lutar bravamente sob as situações mais adversas e reforçaram a subestimação anterior dos soldados que a Alemanha e seus aliados teriam de enfrentar. Apesar de uma pista velada do lado soviético, quando sua comissão visitante solicitara para ver onde os alemães fabricavam seus *grandes* tanques ao mostrarem a eles a fábrica onde o tanque alemão Mark IV era feito, os alemães presumiram que o tanque Mark IV, então o maior do seu arsenal, seria adequado para a campanha contra os blindados e a infantaria soviéticos. Os tanques franceses capturados e os tchecos confiscados seriam empregados em escala considerável, assim como uma variedade de caminhões alemães e os apreendidos de outras nacionalidades. Pouca atenção foi destinada à logística das peças de reposição e oficinas para reparos, dada a imensa variedade de veículos blindados e caminhões em uma campanha que cobriria grandes distâncias por estradas escassas e, em geral, em más condições. Dado que se esperava uma rápida vitória sobre a União Soviética e, em seguida, um avanço pelo Oriente Médio, a substituição dos tanques para o exército no Ocidente só seria feita depois da vitória sobre o Exército Vermelho, e assim os tanques tinham sido pintados com camuflagem de deserto.

Os acertos diplomáticos para a invasão da União Soviética incluíam o envolvimento da Finlândia e da Romênia do lado alemão. Presumia-se, acertadamente, que ambas desejassem recuperar o território cedido obrigatoriamente aos soviéticos e, talvez, tomar um pouco mais de algum inimigo derrotado. A Suécia, neutra, foi persuadida a permitir o trânsito das tropas alemãs não só indo e vindo da Noruega ocupada, como também quando essas tropas tivessem que participar da invasão na extremidade norte do front soviético-finlandês. Esse front deveria se juntar a um grupo de exércitos alemães que atravessaria os estados bálticos rumo a Leningrado, enquanto um grupo maior de exércitos atacaria na parte central do front na direção de Moscou e para além da cidade. Ao sul, um terceiro grupo de exércitos apoiado por robustas tropas romenas conquistariam a Ucrânia com suas riquezas agrícolas e industriais e, em seguida, tomariam a região do Cáucaso com seu petróleo.

Em relação ao planejamento do papel da Romênia na campanha que se seguiria, Hitler explicou pessoalmente ao líder romeno, marechal Ion Antonescu, um objetivo importante da invasão. Na reunião realizada em 12 de junho de 1941, questionado sobre o aconteceria com o grande número de judeus nas áreas que as tropas romenas e alemãs viriam a ocupar, Hitler explicou que eles seriam mortos. Na ocasião da reunião, longos preparativos estavam em andamento para organizar e orientar essas unidades especiais da polícia de segurança alemã e a "polícia da ordem" uniformizada, assim como outras unidades que deveriam acompanhar e seguir o exército alemão e executar sistematicamente todos os judeus da União Soviética. No avanço frenético das forças invasoras, ocorreram instabilidades e problemas locais, mas, com o total apoio de um exército vencedor no que parecia a Hitler e ao comandante em chefe Halder uma campanha bem-sucedida, ele decidiu, no final de julho, ampliar o programa de extermínio sistemático a toda a Europa. O avanço, retomado em outubro, pode tê-lo influenciado a garantir ao líder dos árabes palestinos radicais, Haj Amin al-Hussinie, em novembro, que o programa de extermínio seria estendido ao mundo inteiro.

A Alemanha invade a União Soviética

Os alemães atacaram a União Soviética nas primeiras horas do dia 22 de junho de 1941, com um exército de mais de 3 milhões de homens, mais de 600 mil cavalos e cerca de meio milhão de homens nos exércitos da Romênia e da Finlândia. A força aérea alemã atingiu os aeródromos e os poucos aviões soviéticos que haviam decolado, destruindo milhares deles nos primeiros dias e garantindo o controle aéreo na fase inicial da campanha. Os erros de Stalin facilitaram as primeiras vitórias alemãs. O expurgo de oficiais experientes de 1937 a 1939 deixou todos os níveis do Exército Vermelho desprovidos de oficiais suficientemente treinados e experientes. O medo de uma oposição interna, se qualquer parte do país fosse ocupada, resultara numa pesada alocação de forças perto da linha de frente e, portanto, estavam suscetíveis a cercos. A expansão da União Soviética no sentido oeste, mediante as anexações entre 1939 e 1940, significou que as antigas fortificações tinham sido negligenciadas sem que houvesse tempo hábil para a construção de novas. Assim, em vez de fortalecerem a capacidade defensiva soviética, as anexações a fragilizaram. A relutância de

Stalin em acreditar na própria inteligência e naquela fornecida pelos governos americano e britânico fez com que o reconhecimento aéreo alemão sobre a União Soviética meses antes da invasão não fosse repelido e que o primeiro ataque alemão por terra não encontrasse resistência em muitos lugares porque Stalin imaginava que isso provocaria um ataque alemão em represália. Nessas circunstâncias, os ataques dos blindados alemães atingiram rapidamente grandes contingentes do Exército Vermelho nas partes norte e central do front. Dezenas de milhares de soldados do Exército Vermelho se renderam e imensas quantidades de equipamento soviético caíram em mãos alemãs. Esse conjunto de vitórias iniciais deu a Hitler e ao comandante em chefe general Halder a impressão de que aquela campanha no leste tinha sido ganha principalmente durante as seis primeiras semanas (veja Mapa 5).

Ainda que as vitórias táticas do ataque inicial alemão impressionassem, vários aspectos dos dois primeiros meses de combate já apontavam para um resultado diferente, que quase passou despercebido nos quartéis-generais alemães. Do lado técnico, apareceram os tanques soviéticos, os KV-1 e os T-34, superiores a qualquer um dos tanques alemães. Naquele outono, na Alemanha, ordenou-se o desenvolvimento e a produção de tanques melhores, mas os novos tipos, o Mark V Panther e o Mark VI Tiger, não estariam prontos para ação em campo de batalha até o final de 1942, com uma quantidade expressiva só disponível em 1943. Do lado humano, os alemães erraram ao não perceber que, em muitos casos, os homens do Exército Vermelho tinham lutado bravamente e, por vezes, refugiaram-se no interior conforme os alemães, ao exterminarem grandes quantidades de prisioneiros e números ainda maiores de civis, estimularam uma resistência continuada. Do lado político, houve o que se tornaria o fato essencial até o fim da guerra: à semelhança de Alexandre I contra Napoleão e diferentemente de Nicolau II e o Governo Provisório na Primeira Guerra Mundial, o regime havia mantido um controle efetivo das partes não ocupadas do país. Isso significava que as novas divisões de tropas podiam ser mobilizadas e enviadas para o combate, que as fábricas podiam ser evacuadas, enquanto aquelas construídas previamente nos Urais continuariam produzindo armas, e que por vários anos todas as perdas poderiam ser repostas, mesmo enquanto a capacidade da Alemanha para fazê-lo diminuía.

É preciso observar também que mesmo nos primeiros meses da luta, a Alemanha e seus aliados encontraram nas extremidades norte e sul do front uma resistência que se mostrava importante.

Ao norte, a força alemã destinada a tomar o porto soviético de Murmansk foi malsucedida. Ironicamente, ela foi interceptada bem a oeste de Murmansk, no lugar onde os soviéticos tinham permitido que a marinha alemã mantivesse uma base durante os anos em que os dois países eram aliados. Além do mais, ainda que os exércitos finlandeses avançassem pelo território cedido à União Soviética, segundo o tratado de paz de março de 1940, eles não conseguiram cortar a comunicação ferroviária de Murmansk para o interior da Rússia nem se unir às forças alemãs atacando na direção de Leningrado. Na

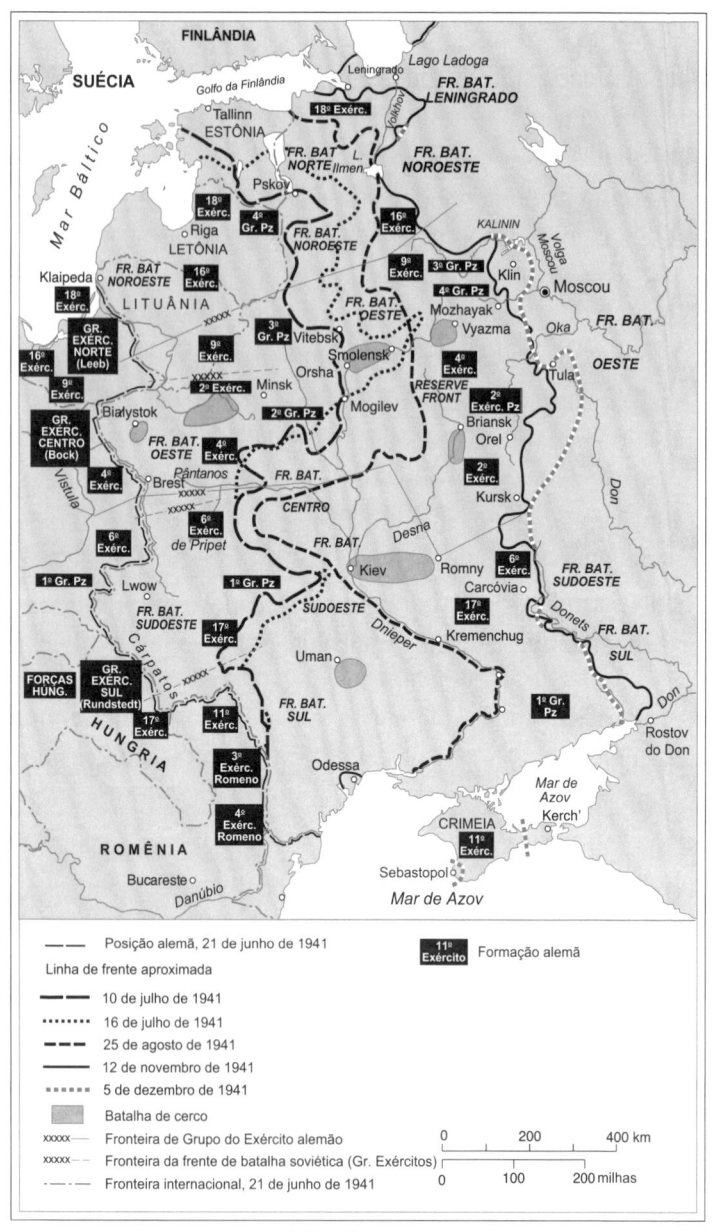

5. Barbarossa

extremidade sul do front, as forças romenas e alemãs tinham avançado alguma distância, mas não conseguiram derrotar o Exército Vermelho à sua frente, nem penetrar na Ucrânia com a rapidez desejada por seus líderes.

O grupo de exércitos alemão ao norte conseguiu tomar a Lituânia e a Letônia e grande parte da Estônia, mas seu avanço sobre Leningrado foi limitado pela resistência do Exército Vermelho. Como Hitler pretendia arrasar a cidade, não queria tomá-la com combates nas ruas. Seu desejo era cercá-la e deixar a população e seus defensores morrerem de fome. A cidade foi isolada, e haveria morte em massa por inanição, mas alguns suprimentos chegaram até ela pela água (e, no inverno, pelo gelo) atravessando o lago Ladoga, e a cidade resistiu até ser totalmente libertada em janeiro de 1944.

Na parte central do front, os alemães, mais uma vez, realizaram duas batalhas com invasão e cerco, que levaram o front para além de Smolensk. Os soviéticos, porém, estabeleceram novamente um front coeso com a paralisação dos alemães, em parte pela exaustão das tropas e em parte devido ao desgaste e a perdas de unidades blindadas e motorizadas. Além de receber forças adicionais consideráveis, o Exército Vermelho, nas contraofensivas locais, ora interceptou os alemães e ora os rechaçou em alguns lugares, como na cidade de Yelnya. É óbvio que uma ofensiva alemã renovada e de maior porte contra Moscou exigiria o reparo das ferrovias e das estradas para a acumulação maciça de suprimentos e, assim, restabelecer o que se esgotara nos quatro meses anteriores. Além disso, a incapacidade das forças alemãs e romenas, posicionadas na parte sul do front, de avançar com o mesmo êxito daquelas posicionadas no meio ameaçaria um ataque de flanco vindo do sul sobre qualquer novo avanço alemão na direção de Moscou, e, quanto mais avançasse, mais vulnerável se tornaria o flanco. Sob essas circunstâncias de adiamento forçado no centro, Hitler ordenou um ataque ao sul pelo grupo de exércitos do centro que se uniria a um ataque ao norte pelo grupo de exércitos no sul. Já que Stalin se recusou a ouvir o conselho de suas forças militares para recuar diante dessa operação, o que veio a se chamar batalha de Kiev resultou não só na perda daquela cidade e de grande parte da área agrícola e industrial da Ucrânia, como também de centenas de milhares de soldados.

Em outubro, enquanto os alemães preparavam uma forte investida em direção a Moscou, registraram-se os primeiros sinais de apoio para os dois lados em conflito. A Hungria entrou em guerra ao lado da Alemanha, enviando uma pequena força, principalmente por temer que a Romênia se tornasse importante demais para Alemanha. Mussolini não queria ser ignorado e enviou diversas divisões para combater ao lado dos alemães na parte sul do front. Havia ainda contingentes dos Estados fantoches da Croácia e Eslováquia, enquanto Francisco Franco, o ditador espanhol, enviou a chamada Divisão Azul. Essa divisão combateu na parte norte do front e, ao regressar à Espanha, sob a pressão dos Aliados ocidentais, foi substituída pela Legião Espanhola, bem menor. Os alemães também recrutaram voluntários em partes da Europa ocupadas por eles e, no final, organizaram-se unidades compostas de voluntários ucranianos, dinamarqueses, noruegueses e franceses. Esta última unidade, conhecida como Charlemagne, veio a colaborar na defesa de Berlim em 1945. Foram também numerosos os ucranianos e outros desertores do Exército Vermelho que se alistaram do lado alemão.

O governo britânico decidiu auxiliar a União Soviética assim que soube da invasão alemã. Carregamentos de equipamento militar foram logo despachados, embora as quantidades ficassem aquém do necessário ao reforço de Malaia [hoje península malaia ou da Malásia]. Tropas britânicas ocuparam o Irã para utilizar sua ferrovia ligando o norte ao sul para o envio de ajuda. Essa rota acabou servindo a um quarto da ajuda americana (enquanto outro quarto seguia para os portos ao norte de Murmansk e Archangel e metade seguia embarcada em navios e aviões, cortando o Pacífico). O presidente Roosevelt acreditava mais na resistência da União Soviética do que seus conselheiros e teve essa visão reforçada por seu assistente Harry Hopkins, enviado a Moscou para ter um encontro com Stalin e avaliar a situação. A princípio foi difícil persuadir o público americano de que o envio de ajuda à Rússia era uma boa ideia, mas, com o tempo, isso mudou. Para a população britânica, além da ideia de contar com um aliado importante no combate, era um alívio a força aérea alemã parar de bombardear a Grã-Bretanha para dar apoio ao exército alemão no Leste. Os representantes diplomáticos e militares da Grã-Bretanha e dos Estados Unidos enviados à União Soviética jamais foram tão bem tratados quanto seus antecessores alemães tinham sido, mas, apesar das infindáveis dificuldades e queixas, a aliança militar das três potências se manteve.

Nos primeiros meses do avanço e da ocupação dos alemães, aspectos essenciais das políticas alemãs ficaram claros para a população soviética local e, muito importante, por meio de boatos e outros meios se tornariam claros também para o restante do povo soviético. A matança em massa de civis, o extermínio de gente internada em hospitais e instituições psiquiátricas, e a inanição sistemática de prisioneiros de guerra (sendo fuzilados os moradores locais que tentassem levar comida e água para os prisioneiros) mostrou bem rapidamente ao povo soviético que eles estavam em luta pela vida. A maioria dos adultos e idosos das áreas recém-ocupadas tinham vivenciado a ocupação dos alemães e dos exércitos a eles aliados na guerra anterior. Rapidamente constataram que, ainda que naquela época sofressem incidentes terríveis, esse de agora era um exército inteiramente diferente. Qualquer que fosse a opinião dos moradores locais sobre a matança sistemática dos judeus, a maior parte deles compreendeu que eles mesmos provavelmente seriam os próximos. Muitos dos habitantes da Ucrânia e dos estados bálticos imaginavam que os alemães os libertariam de um jugo soviético opressor, mas cada vez mais a maioria acabou entendendo que a expropriação e o extermínio eram os objetivos centrais para os alemães. Alguns ucranianos nunca chegaram a entender de fato que, enquanto a vontade de Stalin era de que se tornassem bons comunistas, por mais que muitos morressem no processo, Hitler agora planejava sumir com eles da face da terra e substituí-los por colonos alemães. No entanto, com o tempo, uma proporção cada vez maior da população compreendeu. Na primavera de 1942, os alemães calculavam que nos primeiros sete meses do combate muito além de 2 milhões de prisioneiros de guerra do Exército Vermelho tinham sido mortos ou morrido por doenças ou fome sob custódia alemã, uma contagem de 10 mil por dia, sete dias por semana. Tudo isso aconteceu sob os olhos da população local. Com poucas exceções, ninguém na época tinha noção dessas estatísticas, mas a realidade básica era óbvia para todos. As forças militares alemãs transformaram Stalin de ditador temido e odiado em protetor benfazejo e salvador dos povos da União Soviética.

O front ocidental no inverno de 1941-42

Em outubro e novembro, os alemães iniciaram incursões na direção de Moscou. As unidades alemãs avançaram em alguns lugares, mas as investidas notórias iniciais em alguns lugares foram ofuscadas por avanços mínimos em outros. As embaixadas estrangeiras foram evacuadas de Moscou, e prepararam-se planos detalhados para a destruição de instalações na capital e para o deslocamento das agências governamentais. O front, no entanto, resistiu, e o Exército Vermelho se fortaleceu enquanto as unidades alemãs se exauriam cada vez mais. Ninguém que lesse memórias do pós-guerra de generais alemães saberia disso, mas a intensidade do frio e a profundidade da neve eram as mesmas para o Exército Vermelho e para os alemães. Simplesmente, os alemães não estavam acostumados as essas condições. Além disso, os avanços britânicos no norte da África obrigaram os alemães a transferirem toda a sua frota aérea para o Mediterrâneo, assim enfraquecendo o poderio aéreo alemão no front oriental em um momento crítico.

Enquanto os alemães ainda lutavam por avanços mínimos no centro, o Exército Vermelho obteve vitórias locais nas duas extremidades do front. No sul, o avanço alemão alcançou Rostov, a porta de acesso ao Cáucaso. No final de novembro, uma contraofensiva soviética obrigou-os a deixar Rostov para uma posição mais a oeste. Ao norte, a força alemã que alcançara Tikhvin, na expectativa de se juntar ao exército finlandês, foi rechaçada da mesma forma. No front diante de Moscou, os alemães fizeram uma parada no início de dezembro, logo quando os soviéticos estavam prestes a fazer uma grande contraofensiva.

Por meio de espiões soviéticos no Japão e pela ausência notória de preparativos japoneses significativos na Manchúria, ficou claro para Stalin que os japoneses tinham decidido aderir ao Pacto de Neutralidade assinado com a União Soviética em abril e, em vez de juntar-se aos alemães no ataque às distantes províncias soviéticas do leste, estavam prestes a atacar os Estados Unidos, a Grã-Bretanha e os Países Baixos. Isto significava que a maior parte das forças soviéticas no Extremo Oriente, muitas delas experientes por combates anteriores contra os japoneses, poderiam ser deslocadas para a Europa e substituídas, ao menos em parte, por formações reorganizadas. No princípio de dezembro, o Exército Vermelho, reforçado pelas divisões da Sibéria, atacou um front central alemão esgotado e totalmente despreparado. Em alguns lugares, soldados alemães fugiram em pânico, noutros lutaram com bravura, mas a situação logo evoluiu para uma importante vitória soviética. Não foi somente a paralização do avanço alemão e seu pequeno recuo. Em diversos

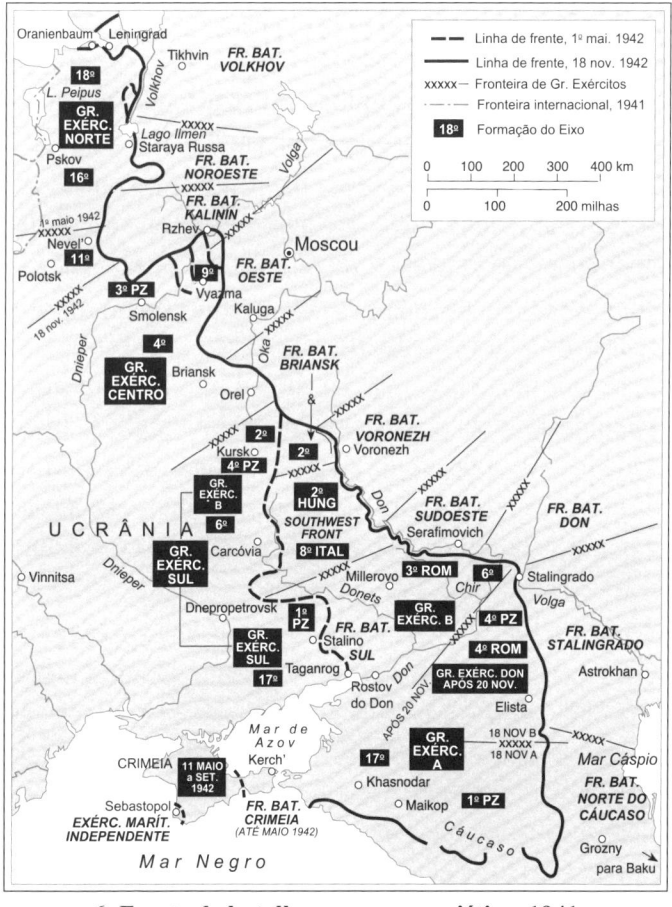

6. Frente de batalha germano-soviética, 1941

lugares, o Exército Vermelho também rompera linhas alemãs, ameaçando o cerco de numerosas unidades alemãs e avançando para o oeste (Mapa 6). Desequipados para enfrentar as baixas temperaturas, os soldados e os equipamentos alemães congelaram, e os cavalos, desnutridos, foram incapazes de tracionar grande parte do equipamento pela neve acumulada. Entretanto, por duas razões principais, essa derrota alemã não levou a um colapso total do front germânico.

Embora os líderes militares alemães no front desejassem uma retirada para uma linha mais defensiva, e um deles, o general Erich Hoepner realmente o fez, salvando, assim, uma grande força que quase fora cercada, Hitler não atendeu ao pedido. A retirada de Hoepner o enfureceu, e ao saber que não poderia expulsá-lo do exército, privá-lo do soldo e do direito de envergar o uniforme sem passar por uma corte marcial formal, um Hitler encolerizado decidiu convocar o parlamento para privar todos os alemães de todos os direitos processuais. Essa medida foi aprovada por um parlamento alemão entusiasmado ao se reunir pela última vez durante a era nazista, em abril de 1942. Entretanto, isso não alterou a crise no front em dezembro. De forma oposta, Hitler ordenou que as tropas estacionassem onde quer que estivessem e lutassem a partir de suas posições, mesmo que cercadas. O front alemão começou a resistir, ainda que em Cholm e na região de Demyansk eles estivessem em ilhas cercadas. É possível que o sucesso da força aérea alemã em prover suprimentos aos soldados até que o exército alemão restabelecesse contato com eles na primavera tenha estimulado Hitler, um ano mais tarde, a tentar um arranjo semelhante com a força alemã, muito maior, isolada em Stalingrado.

No entanto, o segundo fator relevante que permitiu aos alemães resistir no centro e evitar o desastre foi a decisão de Stalin de lançar ofensivas nas partes norte e sul da linha de frente. Em vez de concentrar-se em dar seguimento à vitória inicial diante de Moscou, Stalin agora subestimava os alemães da mesma forma como Hitler subestimara os soviéticos anteriormente. As ofensivas do Exército Vermelho resultaram apenas em ganhos mínimos a um custo considerável, enquanto os alemães tiveram tempo de estabilizar o centro da linha de frente. Essa frente parecia bem errante, mas, por um lado, ela simbolizava a derrota total das esperanças alemãs de destruir a União Soviética e, por outro, a expectativa de um conjunto de campanhas extremamente longas e difíceis para os soviéticos. Conforme o combate prosseguiu após a estabilização do front em março-abril de 1942, ele permaneceria como o lugar onde aconteceu a maior parte da luta da Segunda Guerra Mundial.

A União Soviética ocupada e a não ocupada

Do lado soviético do front, as indústrias evacuadas começaram a funcionar e a entregar produtos, principalmente armas e munições, para o Exército Vermelho. As pessoas trabalhavam arduamente mesmo sob péssimas condições e escassez de alimento. As divisões de exército foram consideravelmente aumentadas e o pequeno programa anterior de libertar oficiais e generais afastados e presos no expurgo foi ampliado. Ao contrário dos outros países combatentes, a União Soviética inscreveu centenas de milhares de mulheres em grupamentos de combate e em funções de apoio, incluindo os esquadrões da Força Aérea Vermelha. Com a ajuda de aviões de transporte fornecidos pelos Estados Unidos, o Gabinete Central do Movimento da Resistência forneceu munições, oficiais e instruções para um movimento de resistência nas partes do país ocupadas pelos alemães. Isso reteve as forças alemãs em operações de segurança da retaguarda, interferiu no transporte e nas comunicações alemãs em momentos cruciais, facilitou a coleta de informações secretas e serviu para lembrar a população das áreas ocupadas de que o regime provavelmente voltaria e que eles deveriam se comportar apropriadamente.

Do lado alemão do front, uma administração civil, liderada por Alfred Rosenberg, fora previamente preparada e instalada numa área bem atrás do front. Mais próximo ao front, havia um sistema de administração militar. Em ambos, eram amplas a exploração econômica e a captura de indivíduos para trabalho escravo na Alemanha e noutros lugares. Na maior parte dos casos, supostas operações contra a resistência, que incluíam grupamentos na retaguarda e divisões da linha de frente temporariamente designadas para a retaguarda, se transformaram em massacre de civis e em comunidades incendiadas, já que os membros da resistência escapavam e, posteriormente, achavam mais fácil recrutar novos membros. Os alemães se entusiasmaram bastante com o sistema soviético de fazendas coletivas, que dava preferência ao Estado nas colheitas, que depois eram estendidas às poucas fazendas individuais restantes. De fato, eles recrutaram alguns colaboradores, dentre eles ex-prisioneiros de guerra que viram ali uma possibilidade de escapar da morte por inanição. Em um lugar ou outro, os alemães começaram a implementar uma porção mínima do plano de assentar fazendeiros alemães que, no final, substituiriam a população eslava supostamente inferior, contudo, o tempo era escasso para esse tipo de experimento. Oficiais alemães de alta patente ansiavam por imensas propriedades rurais no Leste, juntamente com o dinheiro do suborno regular oferecido pelo amado líder. Entretanto, seria justo duvidar que grandes quantidades de alemães comuns se fixariam por vontade própria nos povoados armados que o regime planejava estabelecer. Eles provavelmente encontraram seu nome listado para assentamento compulsório no jornal local.

A Alemanha restituiu à Romênia as terras cedidas anteriormente à União Soviética, além de uma parte extra da Ucrânia. Esse território, de nome Transnístria, tornou-se uma colônia romena onde judeus em massa foram executados e os oficiais romenos aproveitaram para enriquecer. A Finlândia também recuperou seu território cedido por força do tratado de 1940. A expectativa do governo finlandês de obter um território adicional da Carélia foi frustrada não só pelos alemães (que pretendiam anexar a Finlândia sem dizer isso eles), mas também por pressão dos Estados Unidos, que, ao contrário da Grã--Bretanha, não declararam guerra à Finlândia, mas alertaram os finlandeses quanto a irem longe demais.

A incapacidade dos alemães de derrotar rapidamente a União Soviética conferiu uma nova aparência à guerra como um todo. Mesmo a sobrevivência da Grã--Bretanha em 1940 deixara a maior parte dos alemães certos da vitória e a maior parte daqueles fora da Alemanha imaginando como a Alemanha poderia ser derrotada. As coisas pareciam diferentes agora, e alguns alemães começaram a se preocupar com o resultado da guerra; os Aliados, por sua vez, passaram a olhar para o futuro com mais confiança. Tal mudança de perspectiva foi reforçada pelo ataque do Japão na Ásia Oriental e levou os Estados Unidos à participação direta na guerra ao lado da Grã--Bretanha e da União Soviética.

Capítulo 5

O Japão amplia a guerra contra a China

O Japão decide ampliar a guerra

O Japão estava em conflito aberto com a China desde julho de 1937. O país rejeitara a possibilidade de um acordo negociado em janeiro de 1938 e prosseguia com avanços eventuais contra a resistência chinesa. Jamais ocorreu aos líderes em Tóquio que a destruição constante das comunidades chinesas, a morte e o estupro de civis chineses e o comportamento geralmente abominável foram, de forma lenta, porém constante, consolidando a oposição chinesa e ganhando apoio para o governo nacionalista de Chiang Kai-shek. Os japoneses partiram da premissa de que eram os suprimentos fornecidos por outros países que mantinham os chineses lutando. Quaisquer provisões vindas da União Soviética por terra e que quaisquer outros países enviassem pela Estrada da Birmânia ou pela ferrovia Hai-Phong-Hanói, proveniente da Indochina francesa, eram bem-vindas pelos chineses, mas nada disso foi a causa de sua decisão por continuar combatendo, pois teriam prosseguido em combate com ou sem ajuda externa. Devido ao foco na luta contra a China, as vitórias alemãs no Ocidente em abril, maio e junho de 1940 pareciam ao governo japonês uma oportunidade para bloquear grande parte da ajuda de fora.

O Japão levara anos tentando sem êxito, por meios diplomáticos, fazer com que o governo francês fechasse a ferrovia Hai-Phong-Hanói. Agora parecia haver uma alternativa. O exército japonês ocuparia a parte do norte da Indochina e, assim, fecharia a rota. O governo de Vichy, que contava com a lealdade da administração colonial francesa, concordou com o pedido. Em setembro de 1940, enquanto as forças de Vichy combatiam para manter os britânicos e a França Livre longe de Dakar, na África Ocidental francesa, as forças japonesas sorrateiramente ocuparam o norte da Indochina. Frente à situação perigosa da Grã-Bretanha após a vitória alemã na França, os japoneses conseguiram pressionar o governo de Londres a fechar a Estrada da Birmânia por três meses. Passados os três meses, a vitória na Batalha da Grã-Bretanha possibilitou a reabertura da estrada, e a Grã-Bretanha assim o fez.

Os líderes de Tóquio não precisaram dos alemães para perceber que a derrota da Holanda e da França tornava as colônias desses países no leste asiático alvos atraentes para a expansão do império japonês. Além do mais, a necessidade da Grã-Bretanha de defender as ilhas britânicas de uma possível invasão alemã e defender sua posição no Oriente Médio contra a Itália, na prática dificultou, se não impossibilitou, a defesa de suas vastas possessões no sul e sudeste da Ásia e os domínios da Austrália e Nova Zelândia. Quando os alemães mostraram isso a Tóquio como uma oportunidade única para tomar Singapura, os japoneses responderam que pretendiam fazê-lo, mas só em 1946. Esse era o ano em que os Estados Unidos, sob legislação aprovada pelo Congresso americano, abririam mão de suas bases nas Filipinas, com a independência programada para 1944. O governo alemão percebeu que o fator limitante para o Japão era a preocupação com os americanos no flanco esquerdo de qualquer avanço no sentido sul. Já que eles esperavam entrar em guerra com os Estados Unidos de qualquer forma, os alemães prometeram se unir ao Japão na guerra com os Estados Unidos assim que o Japão os atacasse. A Alemanha teria, então, do seu lado, a marinha robusta que ainda não conseguira formar antes que os americanos concluíssem a construção da esquadra de dois oceanos aprovada pelo Congresso. Quando o primeiro-ministro japonês Matsuoka Yosuke visitou a Alemanha em março de 1941, Hitler reiterou-lhe pessoalmente a promessa.

Os debates internos do governo japonês giraram em torno da questão do *timing* e sofreram influência da invasão da União Soviética pela Alemanha em junho de 1941. Em vez de se unirem aos parceiros alemães e italianos do Pacto Tripartite de setembro de 1940 contra os soviéticos, os líderes de Tóquio decidiram rumar para o sul. Estava claro para eles que, lutando por sua sobrevivência, a União Soviética não poderia atacar o Japão por trás, com o Japão mobilizando-se para o sul, nem continuar a oferecer ajuda considerável aos chineses nacionalistas. Portanto, em julho de 1941, as forças japonesas ocuparam a parte sul da Indochina francesa, claramente *distanciando-se* do foco na guerra com a China para preparar ataques em territórios controlados pela Holanda, Grã-Bretanha e Estados Unidos no leste e sudeste da Ásia, assim como no Pacífico Sul. As conversações internas continuadas do governo japonês aconteceram simultaneamente aos preparativos detalhados para os ataques à Malaia, às Índias Orientais Holandesas, às Filipinas e outras possessões insulares americanas no Pacífico. Jamais ocorreu a nenhum dos líderes em Tóquio que a conquista de poços petrolíferos, minas de estanho e plantações de borracha no sudeste asiático não significaria transpor esses poços, minas e plantações para o arquipélago japonês. Essas descobertas implicariam somente o controle japonês dos locais, sendo necessário transportar os produtos para o arquipélago japonês em navios japoneses, sem a ajuda de navios fretados de outros países. O que era de suma importância para o combate que o Japão estava prestes a começar era, portanto, que nenhum preparativo sério fora feito, fosse para empregar com eficiência a própria frota limitada ou para protegê-la de ataques submarinos.

Enquanto os japoneses preparavam suas movimentações e imprimiam dinheiro de ocupação para os territórios a serem conquistados, o governo americano e o britânico tentavam desencorajá-los de atacar suas possessões. Ao contrário dos soviéticos, que enviaram suprimentos aos alemães até minutos antes de serem atacados, o governo americano já havia reduzido alguns tipos de comércio com o Japão e embargado o petróleo quando a parte sul da Indochina foi ocupada. Considerando a inexistência de uma marinha chinesa para combater com o Japão, o petróleo era um produto necessário aos japoneses para a guerra contra a Grã-Bretanha, a Holanda e os Estados Unidos. De forma semelhante, britânicos e holandeses sustaram a venda de petróleo ao Japão. Os líderes americanos, especialmente o próprio presidente Roosevelt e o secretário de Estado, Cordell Hull, dedicaram horas às negociações com os diplomatas japoneses em Washington, que preferiam a paz, mas o governo de Tóquio seguia na direção oposta. Ele não foi influenciado pelos esforços americanos e britânicos no sentido de impedir o Japão de expandir a guerra em que já estava envolvido. Em seus esforços de dissuasão, os Estados Unidos tinham transferido grande parte de sua frota para o Havaí e enviado as primeiras fortalezas voadoras disponíveis, os B-17, para as Filipinas, enquanto a Grã-Bretanha ordenava o deslocamento de dois potentes navios de guerra, um encouraçado e um cruzador de batalha para Singapura. Nas derradeiras semanas de negociações, sugeriu-se que se o Japão evacuasse a parte sul da Indochina, os Estados Unidos venderiam a eles todo o petróleo que desejassem. Os diplomatas japoneses em Washington foram imediatamente instruídos a não discutir essa possibilidade (que implicava o abandono da expansão da guerra contra a China) sob quaisquer circunstâncias. A capacidade americana de interpretar a movimentação diplomática resultou em um alerta de guerra iminente expedido, em seguida, de Washington.

Considerando que nem o governo alemão nem o italiano gozavam de boa reputação em honrar compromissos, sob a forma de tratado ou não, o governo japonês verificou alguns dias antes se a promessa de entrar em guerra contra os Estados Unidos ainda valia. As respostas positivas vieram de imediato. Na verdade, Hitler estava seriamente preocupado com os problemas crescentes vividos pelos alemães no front oriental, temendo que viessem a desestimular o ataque japonês e, por repetidas vezes, emitiu e autorizou comunicados bem mais positivos sobre a situação no local do que a realidade indicava. Entre as esperanças de Roosevelt de atrasar os japoneses até que constatassem a incerteza de a Alemanha de vencer a guerra conforme acreditava e a preocupação de Hitler por temer que exatamente essa compreensão ocorresse aos japoneses e os desencorajasse do ataque, foi a esperança do líder alemão que venceu, por uma margem de duas semanas: o Japão atacou antes que a derrota alemã fora de Moscou se tornasse óbvia.

O avanço japonês

O plano de guerra do Japão exigia uma série de movimentações imediatas: ocupar a Tailândia e invadir Malaia, tomar as Filipinas, capturar as ilhas de Guam e Wake controladas pelos americanos e, em seguida, conquistar as Índias Orientais Holandesas, a Birmânia e as ilhas sob controle britânico, americano e francês no Pacífico Sul. Essas movimentações precisavam ser protegidas da interferência naval americana e britânica. O plano anterior da marinha japonesa de enfrentar uma frota americana mobilizada para proteger e/ou resgatar as Filipinas em uma batalha naval importante, no Pacífico ocidental, foi abandonado em meados de outubro de 1941. Em vez dele, prevaleceu o projeto do almirante Yamamoto Isoroku de atacar com porta-aviões os navios de guerra americanos em Pearl Harbor, em tempos de paz. Na verdade, o almirante ameaçou abandonar o posto de comandante da frota mista se seu plano não fosse adotado. O ataque em 7 de dezembro de 1941 exerceu um impacto devastador sobre a marinha americana e, assim, eliminou-a como ameaça ao flanco japonês investindo para o sul. No entanto, ele também surtiu efeitos negativos muito mais amplos (e que poderiam ter sido facilmente previstos) para as perspectivas japonesas na guerra em geral.

O ataque-surpresa em um domingo pacífico (que entusiasmou Hitler, autor de um mesmo tipo de ataque na Iugoslávia em abril daquele ano) provocou uma reação violenta do povo americano, anulando todas as esperanças japonesas de negociar um acordo final do conflito. Os japoneses presumiam que os americanos jamais optariam por derramar sangue e dinheiro na reconquista de ilhas quase desconhecidas e que, assim, poderiam ser devolvidas aos senhores coloniais que eles desaprovavam. No entanto, a realidade mostrou-se totalmente oposta: agora, os americanos estavam preparados para combater até que o Japão fosse derrotado. Nesse combate, eles foram amparados por dois outros aspectos do ataque a Pearl Harbor. Por causa das águas rasas da base – algo que os japoneses conheciam e que, por isso, empregaram torpedos específicos para a situação –, seis dos oito encouraçados americanos que os japoneses imaginavam ter afundado, tinham, na verdade, simplesmente emperrado na lama, de onde puderam ser retirados e reparados para voltar à ação em seguida. Quanto às tripulações, apesar das muitas vidas perdidas no *Arizona* e dos muitos mortos ou feridos em outros navios de guerra atingidos, a maioria esmagadora dos membros da tripulação, experiente e treinada, que desfrutava um domingo pacífico no porto, sobreviveu ao ataque. A recuperação incrivelmente rápida da marinha americana deveu-se não só à chegada de novos navios de guerra construídos nos estaleiros do país como também à disponibilidade de milhares de marinheiros dos navios já atacados.

Dois navios de guerra britânicos enviados para Singapura na esperança de deter o Japão chegaram no início de dezembro e deixaram o porto ante as notícias do desembarque japonês na parte norte de Malaia. Os navios foram localizados por um submarino japonês e atacados por aviões japoneses com torpedos e bombas. À falta de uma cobertura aérea britânica ou de um armamento antiaéreo eficaz, ambos foram afundados no dia 10 de dezembro. Era mínima a força aérea britânica disponível devido à necessidade premente de cobertura do Reino Unido e no Mediterrâneo. A força japonesa, que desembarcara na costa, tinha condições de avançar para o interior com relativa rapidez. As forças britânicas de defesa terrestre consistiam em duas divisões indianas e uma australiana, mais algumas unidades vindas da Grã-Bretanha. As três divisões japonesas comandadas pelo general Yamashita Tomoyuki iniciaram o desembarque no dia 8 de dezembro e tomaram a direção sul sem encontrar resistência consistente. Os britânicos enviaram mais tropas para fortalecer a defesa, mas enquanto a luta acirrada acontecia em alguns lugares, os japoneses gramaram os quase 483 quilômetros até a extremidade sul de Malaia no começo de fevereiro. A travessia das forças japonesas até a ilha de Singapura, iniciada durante a noite de 8 para 9 de fevereiro, levou, após algum combate, a uma rendição britânica no dia 15 de fevereiro, com a captura de um exército consideravelmente maior do que a força ofensiva dos japoneses. Só em Singapura, os soldados japoneses assassinaram e estupraram milhares de civis. Onde quer que o exército japonês tenha atuado, registraram-se incidentes de horror, porém um incidente semelhante de violência em massa ocorreu somente mais uma vez, em Manila, em março de 1945, com Yamashita novamente no comando.

Quando as forças britânicas se renderam em Singapura, os japoneses conquistaram a colônia britânica de Hong Kong e a ilha americana de Guam e, depois de uma tentativa frustrada anterior, também tomaram a ilha Wake. No entanto, eles ainda estavam envolvidos num árduo combate em Luzon, nas Filipinas, para onde o presidente Roosevelt enviara o general MacArthur para auxiliar na constituição de um exército filipino capaz de defender o país, com a independência programada para 1944. MacArthur sustara o plano de defesa anterior, concentrado em preservar a Península de Bataan para negar ao Japão o uso do porto de Manila, em favor de um plano irrealista para defender toda a ilha de Luzon. O plano japonês contemplava um ataque à força aérea americana em 8 de dezembro, e desembarques ao norte de Luzon e ao sul de Manila, no dia 10. O combate aéreo, ainda que cerca de dez horas após o ataque a Pearl Harbour, abateu a maior parte dos aviões de MacArthur, e ambos os desembarques foram bem-sucedidos. Rapidamente constatou-se que o novo plano de defesa não estava funcionando, e as unidades americanas e filipinas sobreviventes dirigiram-se para Bataan. Os alimentos necessários e outros suprimentos não tinham sido programados para o local devido à mudança de planos e, assim, os soldados americanos e filipinos ficaram enfraquecidos devido à desnutrição e a doenças. Mesmo assim, eles lutaram com garra bem superior à esperada pelos japoneses. O comandante japonês, general Homma Masaharu, precisou de reforços. Os defensores, exaustos, tiveram de recuar e se render a 8 de abril, com a rendição da ilha-fortaleza de Corregidor no dia 6 de maio, e as forças defensoras restantes nas Filipinas capitularam em 9 de junho. Milhares dos soldados que haviam se rendido em Bataan foram assassinados pelos militares japoneses ao serem levados para os campos de prisioneiros. Os sobreviventes foram sistematicamente explorados e muitas vezes mortos nos campos de prisioneiros de guerra e nas minas. Tempos antes, Roosevelt ordenara a MacArthur que saísse de Bataan e fosse para a Austrália para comandar as forças americanas a serem enviadas para lá. Nas Filipinas, desenvolveu-se uma colaboração considerável com os japoneses, acompanhada de uma discreta porém crescente resistência e ainda de um movimento guerrilheiro. Esse último rendeu alguns problemas para os japoneses e informações secretas para os americanos.

As conquistas japonesas de Malaia e das Filipinas antecederam a conquista planejada das Índias Orientais Holandesas. Já em 15 de dezembro, as forças japonesas desembarcaram na ilha de Bornéu, que, à época, era em parte controlada pelos britânicos e noutra parte pelos holandeses. Nas semanas seguintes, os japoneses desembarcaram na área, uma ilha depois da outra. Eles destruíram uma frota mista de holandeses, americanos e britânicos na Batalha Naval do Mar de Java no final de fevereiro e forçaram a rendição da maior força aliada da área, em Java, no dia 8 de março. Por essa época, eles tinham desembarcado também na parte ocidental, holandesa, da imensa ilha de Nova Guiné e em sua costa nordeste, onde tomaram as cidades de Lae e Salamaua. Expedições japonesas das ilhas Mariana e Carolina, outorgadas a eles após a Primeira Guerra Mundial, rumaram para as ilhas ao sul e bem rapidamente assumiram o controle das ilhas Admiralty, Gilbert e Bismarck, assim como a maior parte das Ilhas Salomão (Mapa 7 e 8). De grande relevância também foi o fato de que a captura do Arquipélago de Bismark incluiu o importante porto de Rabaul, na extremidade norte da Nova Bretanha. O local se tornou a base central para a campanha japonesa que então ameaçava a Austrália e a Nova Zelândia.

Simultaneamente à conquista das Índias Orientais Holandesas e de uma profusão de territórios e ilhas britânicas no Pacífico Sul, o exército japonês adentrou a Birmânia. Na mesma data da rendição de Java, os japoneses entraram em Rangoon. Nas semanas posteriores, eles expulsaram britânicos, chineses e uma pequena força americana do restante da Birmânia, assumindo o controle quase total no final de abril. Essa conquista, somada à ocupação das ilhas no oceano Índico, criou a possibilidade, simpatizada por Vichy, de uma ocupação da ilha de Madagascar, fechando assim a rota marítima de suprimentos dos Aliados para a Índia e o Oriente Médio e para a União Soviética através do Irã.

Em vista desse perigo, as forças britânicas, com apoio indireto americano, desembarcaram na extremidade norte de Madagascar no dia 4 de maio de 1942 e, nos

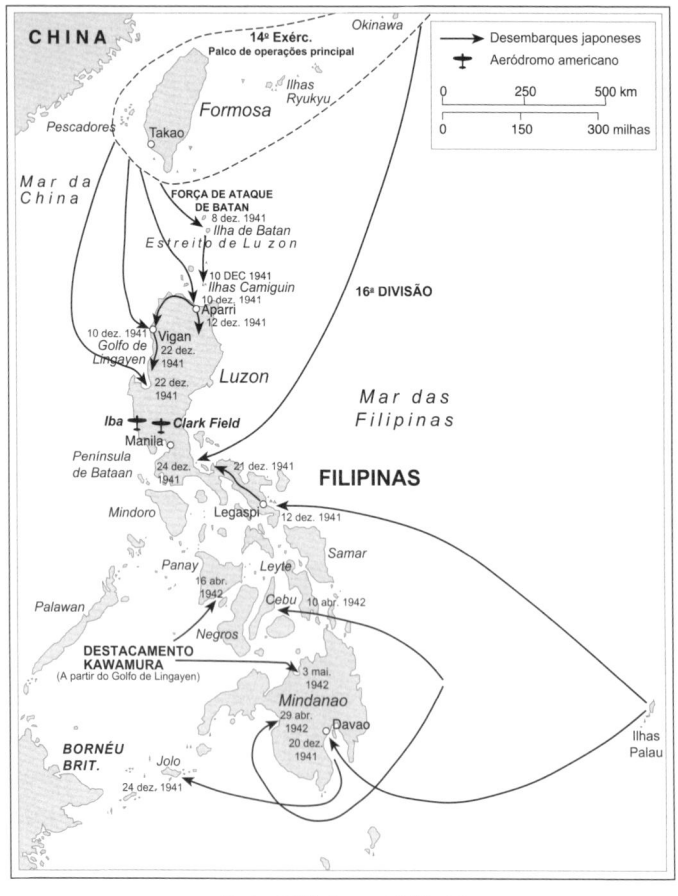

7. As Filipinas 1941-42

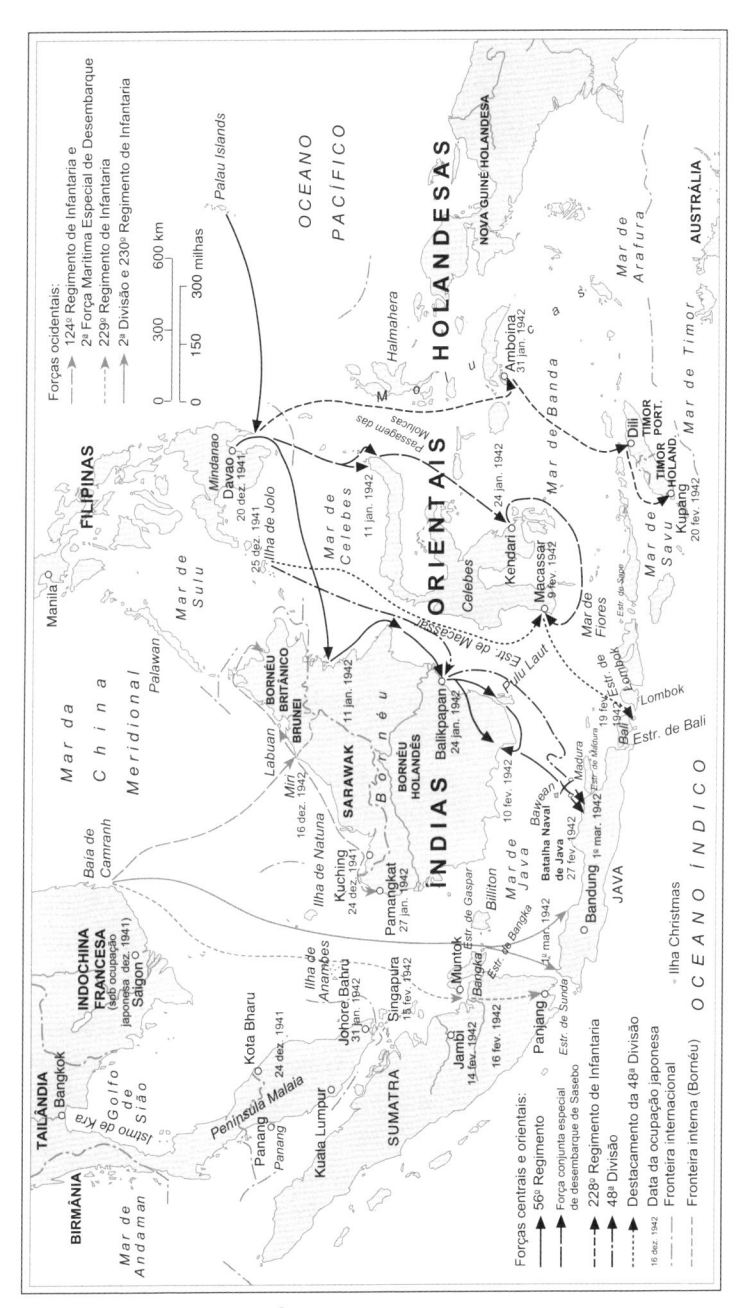

8. As Índias Orientais 1941-42

meses seguintes, tomaram toda a ilha. Além de perderem ali uma oportunidade, devido a diferenças entre o exército e a marinha, os japoneses também se abstiveram, nesse ínterim, de invadir a Índia ou de desembarcar no Ceilão (Sri Lanka). Entretanto, eles elaboraram uma partilha da Ásia com os alemães.

Em dezembro, Tóquio propôs formalmente a Berlim uma divisão da Ásia à altura do 70º de longitude. Tal partilha daria ao Japão a maior parte da Sibéria, toda a China, grande parte da Índia e todo o sudeste asiático. Ainda que alguns representantes do alto comando alemão desejassem uma parte maior da área industrial siberiana, Hitler aceitou a proposta, e firmou-se um acordo em fevereiro. O projeto da divisão do Pacífico Sul e do hemisfério ocidental foi desenvolvido no gabinete de Tojo Hideki, primeiro-ministro e ministro da guerra desde outubro de 1941. Pelo acordo, o Japão ficaria com as ilhas do Pacífico, Austrália e Nova Zelândia, o Alaska, as províncias ocidentais do Canadá, o estado de Washington, a América Central, as ilhas caribenhas, Equador, Colômbia, a Venezuela ocidental, Peru e Chile. Essa proposta não foi apresentada aos alemães, mas, considerando que ela deixaria a maior parte do hemisfério ocidental para a Alemanha, é improvável que Hitler, que concordara em que a maior parte da Ásia coubesse ao Japão, a considerasse rejeitável.

As ofensivas japonesas são paralisadas

Antes que esses ambiciosos planos japoneses se concretizassem, muitas outras vitórias, após as iniciais, teriam de acontecer. Havia uma divisão interna na estrutura do comando japonês quanto ao rumo a ser tomado em seguida, o que já havia levado à suspensão de maiores avanços na Índia e no oceano Índico. Uma mobilização para o sul mais consistente exigiria a captura do Porto Moresby, ao sul da costa da Nova Guiné, para ameaçar a Austrália. Houve uma tentativa nesse sentido com um desembarque marítimo planejado, protegido pela marinha japonesa. Essa investida levou à Batalha do Mar de Coral, entre 3 e 8 de maio de 1942. Naquela operação, envolvendo principalmente porta-aviões, os americanos perderam o porta-aviões *Lexington*, enquanto os japoneses perderam o porta-aviões rápido "Shoho", e um porta-aviões de cada lado foi danificado.

Quaisquer que tenham sido as perdas de cada lado, a vitória estratégica foi dos americanos, já que os japoneses abandonaram o desembarque de ataque em Porto Moresby. Em vez disso, eles se organizaram para tomar a cidade por uma mobilização terrestre através de Nova Guiné pela Trilha de Kokoda. Entretanto, foram interceptados antes de alcançar o objetivo pelas forças australianas, auxiliadas por unidades aéreas americanas, em 17 de setembro de 1942. Nessa data, a tentativa japonesa de capturar uma base conjunta australiano-americana na Baía de Milne, na extremidade sudeste da Nova Guiné, também foi dominada.

Logo após o revés no Mar de Coral, os japoneses decidiram partir para duas operações. Uma seria bombardear a base aérea e naval americana em Dutch Harbor e tomar as duas ilhas ocidentais Kiska e Attu no arquipélago das Aleutas, ao largo da costa do Alasca. Dois porta-aviões enviaram aeronaves para bombardear Dutch Arbor e, em seguida, escoltar os destacamentos de desembarque que tomaram as duas ilhas no início de junho de 1942. Ainda que essa operação garantisse uma base para futuras conquistas naquela área, além de impedir ataques americanos contra o Japão daquela direção, os porta-aviões envolvidos não podiam participar da importante ação naval simultânea, em curso mais ao sul. Tratava-se da operação japonesa para capturar a ilha de Midway, na qual Yamamoto novamente conseguira impor sua vontade ameaçando abandonar o posto de comandante da frota mista. É possível que a estrutura de comando japonesa também estivesse mais inclinada a aprovar essa operação devido ao ataque aéreo a Tóquio por aviões americanos, liderado pelo coronel James Doolittle, no dia 18 de abril de 1942.

Enquanto os americanos conseguiram recuperar parcialmente em Pearl Harbor o porta-aviões *Yorktown*, avariado no Mar de Coral, nem o porta-aviões japonês danificado no Mar de Coral nem o que havia perdido muitos de seus aviões naquela batalha foram incluídos na força destinada a destruir o restante da marinha americana na área do Havaí e a tomar a ilha de Midway. Mais dois dos seis porta-aviões da frota japonesa direcionada para Midway foram retidos para proteger a frota de encouraçados e cruzadores programada para destruir a frota americana quando esta investiu arduamente para proteger Midway. No entanto, oficiais da inteligência americana no Havaí tinham decifrado o plano japonês, e os três porta-aviões americanos estavam prontos para surpreender os quatro porta-aviões japoneses a sudeste de Midway no dia 4 de junho. Conforme os japoneses abateram torpedeiros americanos em voo baixo, os bombardeiros de mergulho americanos afundaram três dos porta-aviões japoneses e, logo depois, o quarto. O *Yorktown* foi seriamente avariado e, em seguida, afundado por um submarino japonês, mas a batalha claramente favoreceu os americanos. A frota de batalha japonesa retrocedeu depois de perder um cruzador e alguns outros navios de guerra, mas o mais importante foi o fato de que os americanos conseguiram substituir o porta-aviões perdido e a tripulação morta enquanto os japoneses não puderam substituir os porta-aviões. Além do mais, os japoneses jamais haviam criado um programa sério de treinamento para substituição da tripulação. Assim, a perda de pilotos experientes no Mar de Coral e em Midway significou que, dali por diante, os japoneses sempre enfrentariam uma escassez de pilotos bem treinados.

A Batalha de Midway interrompeu os avanços japoneses no Pacífico e abriu caminho para uma contraofensiva americana. Ela ocorreu em agosto de 1942, em Guadalcanal, e será examinada no capítulo 6. O essencial para a compreensão da guerra em geral é que o avanço japonês, ainda que sustado, obrigara os Estados Unidos a deixar de lado temporariamente sua estratégia "Europa Primeiro" e, em vez dela, enviarem a maior parte de suas forças recém-mobilizadas e disponíveis para o teatro de operações do Pacífico por todo o ano de 1942 e pelos primeiros meses de 1943. Esse processo retardou as operações americanas nos cenários do Mediterrâneo e da Europa. No entanto, as potências do Eixo foram incapazes de aproveitar esse atraso devido à própria falha em coordenar as operações. Esse fracasso se resume ao fato de que os alemães só souberam que os japoneses tinham perdido, e não vencido, a Batalha do Mar de Coral e de Midway quando eles pediram para comprar o porta-aviões alemão inacabado *Graf Zeppelin* e transportá-lo para o Pacífico. Presume-se que os americanos, que haviam decodificado as mensagens relevantes, tenham ficado decepcionados com a recusa da Alemanha a atender ao pedido.

Uma guerra mais ampla

Assim que Hitler soube do ataque a Pearl Harbor, ele ordenou que a marinha alemã entrasse em guerra contra os Estados Unidos e outros oito países do hemisfério ocidental. Ele não queria esperar os três ou quatro dias necessários para convocar o parlamento alemão, anunciar-lhe as boas-novas da guerra contra os Estados Unidos e cumprir as formalidades diplomáticas. De imediato, a Itália também declarou guerra aos Estados Unidos, assim como três países alinhados com a Alemanha: Hungria, Romênia e Bulgária. Enquanto o presidente Roosevelt enviava mensagens ao Congresso para as declarações de guerra contra Japão, Alemanha e Itália, que foram imediatamente aprovadas, ele orientou o Departamento de Estado a tentar por seis meses demover os outros três países de suas declarações. Ao se recusarem totalmente a fazê-lo, ele suspendeu as negociações em junho de 1942, e o Congresso acatou a vontade dos agressores, declarando-lhes guerra. Quaisquer que fossem as intenções dos líderes da Hungria, Romênia e Bulgária, aliados à Alemanha, em relação aos Estados Unidos, não havia dúvida quanto à ameaça iminente representada pela Alemanha e a Itália: ela vinha dos submarinos no Atlântico e no Caribe.

Ao prever a guerra contra os Estados Unidos, o almirante Dönitz, comandante dos submarinos alemães, direcionou alguns deles para a costa leste americana. Durante os primeiros seis meses de 1942, eles afundaram vários navios mercantes dos Aliados, pois não havia um sistema ativo de comboio e a costa não estava bloqueada. Os submarinos alemães emergiram durante a noite e torpedearam os navios, valendo-se das silhuetas destacadas pelas luzes dos hotéis, motéis e casas. O esforço alemão foi auxiliado também por uma mudança em seu sistema de código naval que prejudicou a capacidade dos Aliados de decifrar mensagens de radiocomunicação naval por grande parte de 1942. Como esse contratempo não bastasse para a marinha americana, aconteceu o que se poderia chamar de desastre para os próprios submarinos do país: os torpedos disponíveis eram fatalmente defeituosos. No início da guerra, a marinha alemã enfrentara um problema semelhante, corrigido com rapidez bem maior do que o problema dos americanos. Somente depois que boa parte de 1943 já transcorrera é que os comandantes e as tripulações dos submarinos americanos puderam confiar na capacidade dos torpedos lançados contra os navios japoneses para navegar na profundidade devida e explodir ao atingir o alvo. A extrema vulnerabilidade da marinha e da indústria japonesas à privação de petróleo e outros materiais não pôde ser explorada até que o conflito já estivesse bem avançado.

Nessa época, a guerra já incluía todas as grandes potências, e, numa conferência em Washington em janeiro de 1942, os Aliados se autodenominaram Nações Unidas, rótulo sob o qual combateriam juntos e, mais tarde, constituiriam uma nova organização mundial. O outro lado jamais surgiu com algo semelhante.

Capítulo 6

A virada do jogo: outono de 1942 – primavera de 1944

A ofensiva alemã em 1942 e o desastre no Leste

Com a Frente Oriental bem estabilizada em abril-maio de 1942, os alemães iniciaram a "Operação Azul", a ofensiva para aquele ano. As perdas do ano anterior impediram a repetição de ofensivas por todo o front. Haveria uma única na parte sul para tomar os campos petrolíferos do Cáucaso, ao mesmo tempo privando os soviéticos desse recurso essencial e enriquecendo o esforço bélico do Eixo. O sucesso dessa ofensiva envolveria ampliar os flancos do avanço, assim, no inverno de 1941-42, os alemães pressionaram seus aliados romenos, italianos e húngaros para que aumentassem o comprometimento das tropas na Frente Oriental, e assim fizeram. No entanto, os alemães não guarneceram seus aliados com artilharia antitanque e outros equipamentos modernos e viriam a se surpreender quando, no inverno de 1942-43, ofensivas do Exército Vermelho retalharam as partes do front mantidas por essas unidades.

No segmento sul do front, os soviéticos fizeram algumas conquistas significativas nas ofensivas de inverno, mas, em sua maioria, foram anuladas pelas operações alemãs antes que lançassem a Operação Azul, em 28 de junho. Diversas forças da reserva do Exército Vermelho foram posicionadas diante de Moscou numa previsão equivocada de uma ofensiva alemã ali, e assim, inicialmente, as forças alemãs avançaram bastante. Dois desdobramentos afetaram o desenrolar do combate. Pela primeira vez, Stalin permitiu que comandantes de front organizassem retiradas consideráveis, de forma que as incursões de cerco alemãs não conseguissem trazer a quantidade imensa de cativos típica do acontecido em 1941. Segundo, além de enviarem um grupo de exércitos para o Cáucaso através de Rostov, reconquistada, os alemães mobilizaram outra investida de grupo de exércitos na direção do Volga, em Stalingrado, para proteger o flanco do norte da conquista prevista. De início, ambas as incursões avançaram bastante, mas foram retardadas e, em seguida, imobilizadas. Por um lado, os alemães não tinham conseguido substituir inteiramente as perdas humanas e materiais sofridas no ano anterior, enquanto, por outro lado, as unidades do Exército Vermelho lutavam ferozmente, com habilidade cada vez maior. Na incursão do sul, os alemães capturaram o campo petrolífero de Maikop, mas foram detidos antes de Novorossisk, na costa do Mar Negro, e antes de Grozhny, no Cáucaso, no final de agosto. Ao mesmo tempo, a força alemã direcionada para Stalingrado alcançara o Volga, mas foi parada na cidade e no entorno dela (Mapa 9).

    Os alemães bombardeavam Stalingrado pesadamente e lutavam para entrar na cidade, enquanto o Exército Vermelho defendia cada quarteirão e contra-atacava repetidas vezes, especialmente na parte norte do front urbano. Cada vez mais unidades alemãs eram lançadas nos combates de rua, enquanto os soviéticos enviavam reforços para a cidade pelo Volga. Por estarem a cerca de 320 quilômetros um do outro, os dois grupos de exércitos alemães não podiam se ajudar, já que ambos tentavam avançar. O Exército Vermelho lançou primeiro uma ofensiva menor e, em seguida, outra maior sobre o front diante de Moscou, mas ambas fracassaram na tentativa de desalojar os alemães de suas posições desde o inverno anterior. Entretanto, a situação em Stalingrado era diferente.

Os flancos do avanço alemão em Stalingrado eram mantidos principalmente por exércitos romenos auxiliados por algumas unidades alemãs. Conforme o Stavka, o comando do Exército Vermelho, pingava reforços em Stalingrado, ele preparou ofensivas robustas contra os flancos norte e sul dos alemães em combate dentro da cidade. Depois de esperar até que os Aliados ocidentais desembarcassem a noroeste da África, o que reteve as forças alemãs no Ocidente (um tópico reexaminado posteriormente), o Exército Vermelho lançou a "Operação Urano", em 19 de novembro. Tanto as unidades blindadas maciças e de infantaria do norte como as do sul romperam as forças de defesa romenas e alemãs, reunindo-se alguns dias mais tarde. Ainda antes da junção formal, Hitler criara um grupo de exércitos que deveria romper o cerco em andamento e ordenara ao general, logo promovido a marechal de campo, Friedrich Paulus, que permanecesse na cidade. A força aérea alemã deveria fornecer suprimentos ao 6º Exército alemão e às unidades agregadas no bolsão,

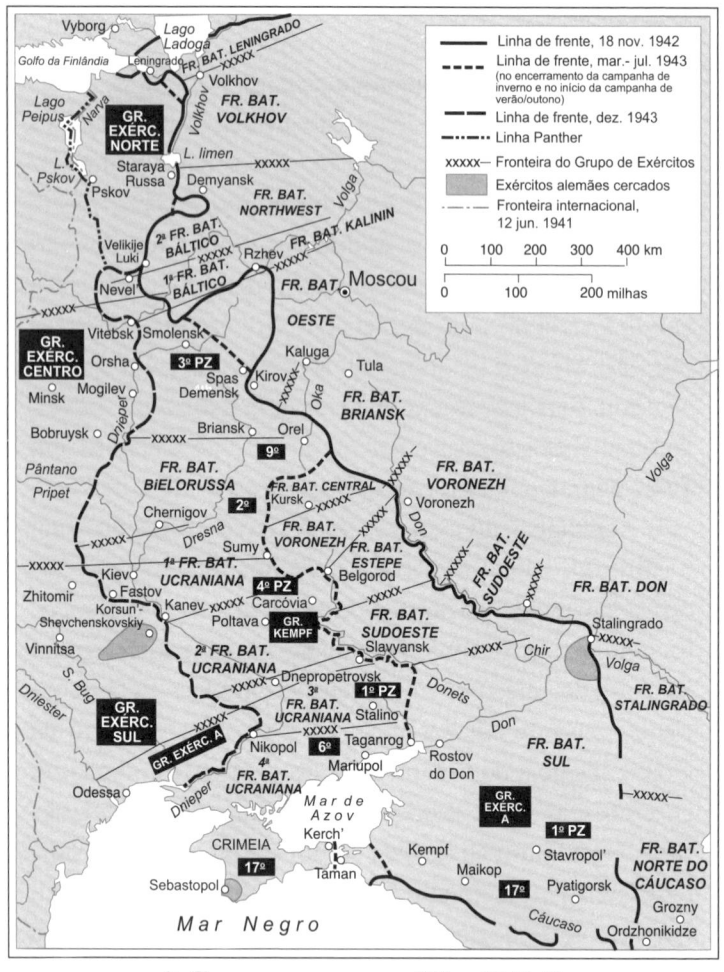

9. Guerra germano-soviética 1942-43

e o novo grupo de exércitos deveria romper o cerco. Essa ofensiva começou no dia 12 de dezembro, mas fracassou. Posteriormente, o Exército Vermelho não só derrotou os alemães cercados como também aniquilou o exército italiano que ainda conservava uma parte do front a noroeste de Stalingrado. Os últimos sobreviventes alemães nas ruínas da cidade se renderam no final de janeiro de 1943. De extrema importância, o combate e a derrota alemãs em Stalingrado tomaram conta das manchetes do mundo por meses e pareciam para muitos, de ambos os lados, um ponto de virada na guerra. Em termos práticos, os alemães foram obrigados a recuar o grupo de exércitos que avançara pelo Cáucaso, sob pena de perdê-lo também. Essa força se mantinha em uma parte do território tomado anteriormente, a cabeça de ponte de Kuban, de onde Hitler esperava atacar de novo no Cáucaso, em 1943. Entretanto, esse plano se mostrou inexequível para uma Alemanha agora enfraquecida, e a área foi evacuada no início de outubro de 1943.

Com o colapso do front alemão ao sul, os soviéticos se sentiram tentados a realizar um avanço mais rápido do que a situação comportava, e no final de fevereiro de 1943 os alemães atacaram as unidades do Exército Vermelho que avançavam, retomaram a Carcóvia (Ucrânia), e mostraram à liderança soviética que, apesar da vitória deles em Stalingrado, ainda teriam muitos combates difíceis pela frente. Talvez tenha sido essa experiência que levou Stalin a dar atenção ao conselho de seus comandantes militares para adotar uma posição defensiva, a esperar pela ofensiva alemã no verão de 1943 e só então partir para ofensivas mais relevantes. A elevação em torno da cidade de Kursk parecia a ambos os lados como o local óbvio para o embate maior seguinte: os soviéticos transformaram-na na área mais pesadamente fortificada, e os alemães prepararam ataques ao norte e ao sul (Mapa 10). A ofensiva alemã foi adiada por várias vezes enquanto os

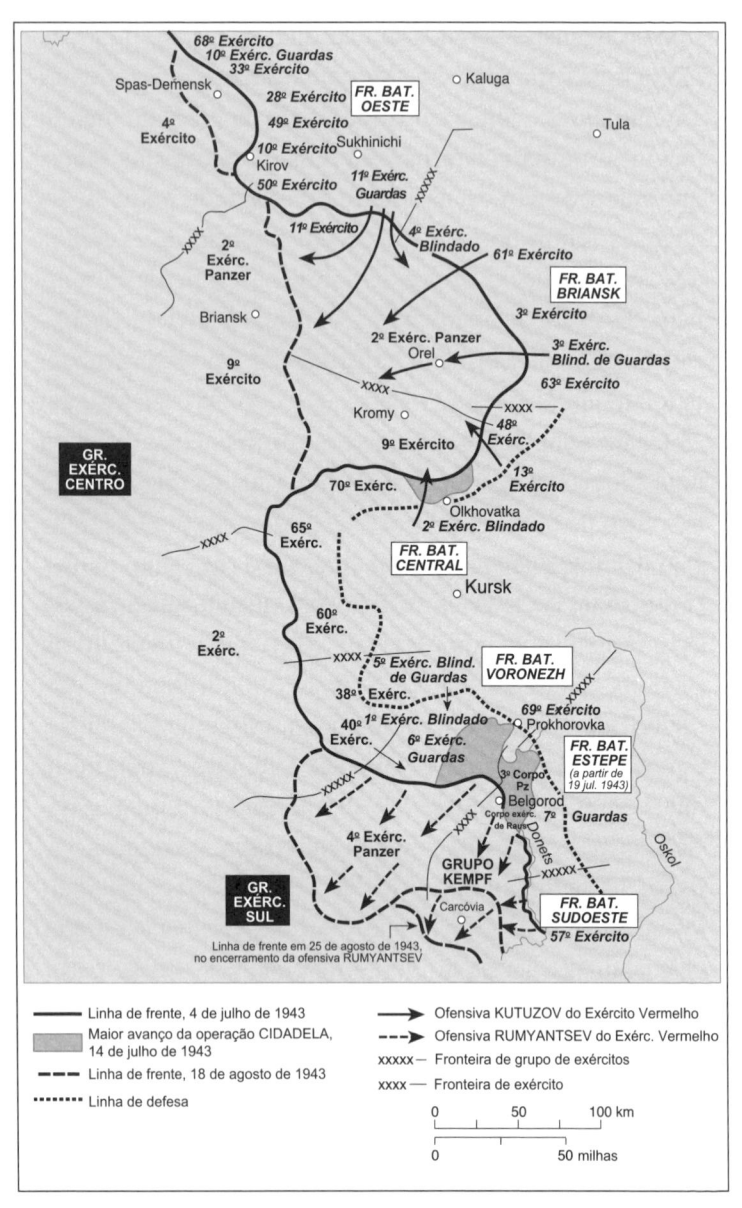

10. Batalha de Kursk

alemães reabasteciam suas forças, principalmente com os novos tanques pesados, o Mark V Panther e o Mark VI Tiger, encomendados e projetados depois de saberem em 1941 que o Exército Vermelho possuía tanques melhores e de maior porte.

A iniciativa no Leste e as mudanças no Mediterrâneo em 1943

No dia 5 de julho, os alemães lançaram a Operação Cidadela para destruir as forças soviéticas na saliência de Kursk e retomar a iniciativa no Leste. Após vários dias de luta acirrada em ambos os segmentos do front, os alemães forçaram o caminho à frente e causaram perdas expressivas no Exército Vermelho, ainda sem conseguir penetrar. Ainda que a estatística das perdas favorecesse os alemães, a realidade foi que eles não suportaram suas perdas, e sua incapacidade de fazer um avanço significativo resultou num grande fracasso. O encerramento da ofensiva foi acelerado pelas notícias do desembarque dos Aliados ocidentais na Sicília, e da ofensiva soviética na área de Orel por trás do ataque alemão no norte na saliência de Kursk. A partir daí, o Exército Vermelho teve a iniciativa e a assumiu num momento em que a força aérea do Exército Vermelho estava ganhando o controle do espaço aéreo sobre um campo de batalha onde a força aérea alemã, que encarava demandas domésticas e no Mediterrâneo, estava ainda mais enfraquecida.

Primeiro, uma série de grandes ofensivas soviéticas repeliu o exército alemão na parte central do front, para, em seguida, empurrá-lo para a Ucrânia e, no final do ano, rompeu o cerco de Leningrado. Nessas ofensivas, o Exército Vermelho demonstrou que seus oficiais tinham aprendido muito, enquanto as forças armadas alemãs estavam visivelmente enfraquecidas. Ainda que a liderança na qualidade dos tanques tivesse virado de alguma forma contra eles, os tanques do Exército Vermelho eram em número tão superior – a maior parte deles produzida em suas próprias fábricas e outros fornecidos pelos americanos, sob o sistema Lend-Lease – que os alemães não foram capazes de bloquear as ofensivas determinadas dos soviéticos. Esses ataques foram, invariavelmente, sustentados pelo uso de artilharia em escala avassaladora e contaram com duas vantagens importantes nos últimos anos da guerra. Por um lado, o movimento dos membros da resistência interferiu nas comunicações e nos transportes alemães ao receberem ordens para fazê-lo em determinados momentos e lugares. Por outro, a inteligência alemã na Frente Oriental, encabeçada pelo general Gehlen desde o início de 1942, foi quase sempre confundida pela desinformação dos soviéticos e pela incompetência irremediável de Gehlen. A primavera de 1944 encontrou os soviéticos em posição de decidir sobre a melhor forma de aniquilar as forças alemãs restantes na União Soviética, e eles coordenaram sua programação com seus aliados.

A guerra dos Aliados ocidentais era de muitos fronts, ao contrário dos soviéticos, que estavam concentrados em somente um. Em julho de 1942, os britânicos finalmente conseguiram conter o avanço germânico-italiano no Egito e, com o apoio dos Estados Unidos, prepararam ali uma ofensiva. Iniciada no final de outubro, em uma batalha esmagadora em El Alamein, a ofensiva derrotou as forças do Eixo, impelindo lentamente o que delas restara pelos desertos do Egito e da Líbia, vindo a encontrar um desembarque conjunto de americanos e britânicos na África Ocidental francesa. Ambos os desembarques, chamados de "Operação Tocha", alcançaram as costas atlânticas e mediterrâneas, no Marrocos e na Argélia, no dia 8 de novembro. A princípio, as unidades de Vichy lutaram contra os desembarques, mas, em seguida, o general Dwight Eisenhower, comandante dos Aliados, fez um acordo com o líder de Vichy, almirante François Darlan, ali domiciliado devido ao filho enfermo, para encerrar o combate e fazer com que algumas tropas francesas, agora sob seu comando, mudassem de lado. Dado que o comandante leal a Vichy na Tunísia não ofereceu resistência às forças alemãs e italianas, rapidamente deslocadas para o Mediterrâneo desde a Sicília, as potências do Eixo puderam controlar os pontos essenciais na Tunísia, em Túnis e Bizerta e deter o avanço dos exércitos dos Aliados. É preciso olhar para esses acontecimentos no contexto mais amplo da guerra. Hitler alimentara esperanças de expulsar os Aliados do noroeste da África, mas foi impossibilitado de enviar forças suficientes para lá devido à ofensiva soviética em Stalingrado. Por outro lado, o exército alemão enviado à Tunísia não podia ser empregado no esforço para romper o cerco de Stalingrado. O impacto decisivo para os Aliados ocidentais foi que a necessidade de uma campanha para tomar a Tunísia das forças do Eixo ali posicionadas, e que tinham incorporado os retirados de El Alamein, significava que não haveria, dali em diante, tempo suficiente, em 1943, para mobilizar tropas da África para a Grã-Bretanha para uma invasão através do Canal da Mancha naquele ano. Era preciso adiá-la para 1944.

Durante o combate na Tunísia, os líderes políticos e militares americanos e britânicos se reuniram em Casablanca em janeiro para planejar as etapas futuras. Era evidente que a França não poderia ser invadida em 1943, e, para uma verdadeira contribuição à luta contra o Eixo naquele ano, decidiu-se pela invasão da Sicília logo que possível após a vitória sobre a Tunísia, e em seguida, talvez, adentrar o continente italiano. A ofensiva aérea contra a Alemanha prosseguiria em escala ascendente, com a força aérea americana concentrando esforços para atingir alvos industriais e outros igualmente importantes durante o dia, enquanto a Força Aérea Real continuaria a concentrar os bombardeios das cidades à noite. A perda mensal constante de navios, numa rapidez maior do que a capacidade dos Aliados para fabricar novos, resultou na concentração máxima da luta sobre os submarinos alemães em 1943. Tanto para acalmar os transtornos causados na Grã-Bretanha e nos Estados Unidos pelo acordo com Darlan quanto para garantir aos soviéticos que o adiamento da invasão no Ocidente não significava o relaxamento do esforço bélico dos Aliados ocidentais, essa foi também a ocasião para o anúncio público de uma política acordada por ambos desde muito tempo: os países do Eixo teriam de se render incondicionalmente. A sugestão de isentar a Itália fora vetada pelo gabinete de Londres, e Roosevelt e Churchill trataram de fazer do anúncio uma parte especial de seu comunicado público em Casablanca.

À época da Conferência de Casablanca, Darlan tinha sido assassinado por um monarquista francês, e os dois líderes dos Aliados tentavam reconciliar De Gaulle, o líder da França Livre, com o general francês Henri Giraud, que escapara de um campo de prisioneiros alemão. Antes, De Gaulle destituíra Giraud e estabelecera um governo francês provisório em Argel. Um número considerável de tropas francesas no norte da África juntou-se às forças maiores britânicas e americanas que lutavam na Tunísia contra as unidades do Eixo, agora encurraladas entre eles e a força britânica que atravessara a Líbia. No Passo Kasserine, próximo à extremidade sul da frente de batalha tunisiana, um ataque alemão derrotou uma parte do exército americano despreparado, mas os alemães foram interceptados, e nos meses seguintes foram pressionados para a extremidade nordeste da Tunísia, onde mais de 270 mil soldados do Eixo se renderam no início de maio de 1943. Da mesma forma como os aviões cargueiros que tentavam suprir a Alemanha, cercada em Stalingrado, não podiam voar para suprir as unidades do Eixo na Tunísia, os aviões que partiram da Sicília para a Tunísia não puderam aumentar o suprimento aéreo do bolsão de Stalingrado. De forma análoga, os americanos tinham sido obrigados a desviar forças para o Pacífico devido ao avanço dos japoneses, e o Eixo europeu também estava sendo obrigado a manter várias frentes de batalha simultâneas.

A guerra no mar e no ar

As operações após a rendição do Eixo na Tunísia e os desembarques na Sicília e no continente italiano pressupunham uma virada de jogo para os Aliados na guerra no mar, de prioridade máxima para eles. A despeito das difíceis batalhas de comboios com os submarinos alemães em março e abril, os Aliados alcançaram uma vitória importante em maio e junho de 1943. O emprego de mais aviões com maior autonomia de voo, porta-aviões de escolta, do radar a bordo, de navios de guerra de escolta suplementares e novas violações do código naval alemão possibilitaram a britânicos, americanos e canadenses afundar tantos submarinos alemães que Dönitz desistiu do combate no Atlântico Norte. Hitler o incentivou a produzir duas novas classes de submarinos, e o líder alemão viria a subordinar a estratégia na parte norte da Frente Oriental à necessidade de controlar o Mar Báltico, de modo que esses novos submarinos e suas tripulações pudessem ser testados e treinados. Todavia, quando ficaram prontos, em abril de 1945, a guerra estava no fim. Por outro lado, os Aliados tinham eliminado o jugo imposto pelas perdas de navios sobre suas escolhas estratégicas quando as novas construções excederam o total de perdas no outono de 1943 e assim continuaram crescendo dali em diante.

Durante 1942 e 1943, tanto britânicos quanto americanos aumentaram consideravelmente os ataques à Alemanha e às partes sob seu controle na Europa. Os importantes ataques-surpresa sobre Hamburgo em julho de 1943 provocaram pela primeira vez uma tempestade de fogo, um tipo de desastre urbano que se repetiu por várias vezes em ataques aéreos posteriores. Quaisquer que tenham sido as discussões, durante a guerra e depois dela, sobre a eficácia da ofensiva de bombardeios estratégicos e a moralidade de alvejar cidades, diversos aspectos dessas operações são inquestionáveis. O povo alemão, ora tão entusiasmado com o regime nazista e seu desrespeito às restrições impostas pelo tratado de paz de 1919, vivenciava agora o que os vencedores da Primeira Guerra Mundial tinham tentado evitar. Após 1945, várias cidades alemãs decidiram conservar algum prédio importante em ruínas, em geral uma igreja, para lembrar às gerações futuras o que poderia acontecer. Outro impacto significativo dos bombardeios foi a considerável desorganização da produção industrial, do sistema de transporte e da indústria essencial do petróleo sintético. Em 1943, os alemães lançavam mais granadas no ar do que através das frentes de batalha, e em 1944 a artilharia alemã apontava mais para o céu do que para alvos terrestres. Além disso, centenas de milhares de homens, prisioneiros, e no final até rapazes e moças foram usados para operar o sistema antiaéreo. Assim como os mil submarinos construídos pela Alemanha durante a guerra empregaram materiais que poderiam ter viabilizado a produção de 30 mil tanques para a Frente Oriental, o desvio dos recursos alemães para enfrentar a campanha de bombardeios favoreceu os soviéticos, que travavam a maior parte dos combates.

O desvio dos recursos alemães para a defesa contra os bombardeios ameaçou inverter o jogo na guerra aérea contra os Aliados ocidentais no outono de 1943. A combinação entre a grande quantidade de caças alemães e a defesa antiaérea de solo causou perdas crescentes nos bombardeiros atacantes. Com o índice de perdas em níveis proporcionalmente elevados, os Aliados tiveram que modificar suas operações, dado que o controle absoluto do ar sobre a Europa Ocidental era um pré-requisito para uma invasão ali, assim como tinha sido para os alemães em relação à invasão da Inglaterra. Foi nesse contexto que a necessidade de escoltar os bombardeiros com caças por todo o trajeto até os alvos levou ao papel bem-sucedido do caça F-51 Mustang e aos combates aéreos relevantes em fevereiro e março de 1944. A partir daí, o desenrolar da guerra na Europa a foi imensamente afetado, primeiro, pelo fracasso dos alemães em reverter sua derrota no mar em junho de 1943 e, segundo, pelo sucesso dos Aliados em reverter os problemas enfrentados por suas forças aéreas no outono daquele ano.

As campanhas na Sicília e na Itália

O desenrolar imediato da campanha da Tunísia foi o desembarque das forças britânicas e americanas na Sicília, na "Operação Husky", em 10 de julho de 1943. Os desembarques marítimos foram precedidos por um engano que levou os alemães a esperarem invasões noutra parte e por ataques aéreos que envolveram uma total confusão do lado dos Aliados, mas que, em certa medida, auxiliaram os desembarques. As unidades italianas se desfizeram com relativa rapidez, enquanto as alemãs combatiam arduamente em determinado ponto, ameaçando aniquilar o desembarque americano em Gela. Quando o 8º Exército britânico passou por dificuldades na extremidade sudeste da ilha, seu comandante, o general Montgomery, orientou a unidade a assumir uma das principais rotas designadas pelos planejadores ao 7º Exército americano, e como resultado o general Patton o liderou na direção de Palermo, na extremidade noroeste. A investida funcionou, mas, em seguida, os Aliados tiveram de expulsar os alemães do nordeste da ilha, no que foram bem-sucedidos, mas a maior parte das forças alemãs acabou escapando pelo Estreito de Messina (Mapa 11).

A conquista da Sicília pelos Aliados surtiu três efeitos importantes na guerra. Ela ajudou a precipitar a queda de Mussolini, destituído pelos seus companheiros fascistas em 25 de julho e, em seguida, preso por ordem do rei Vítor Emanuel. O fascismo perdera o apoio da população como o regime que havia perdido o império colonial do país; sofrera imensa quantidade de baixas em uma Frente Oriental com a qual os italianos não desejavam ter seu país comprometido; e, é preciso acrescentar, alinhara completamente o país com os alemães, de quem, em geral, os italianos não gostavam, principalmente quando tropas alemãs jorravam no país a um comando de Hitler.

Esse último ponto tem a ver com o segundo resultado da campanha siciliana. Tão logo ficou óbvio para o alto comando alemão que a população e os militares italianos estavam cansados da guerra, perceberam que as tropas alemãs teriam que substituir as unidades italianas enviadas para a França, Iugoslávia e Grécia ocupadas, assim como para a defesa da própria Itália.

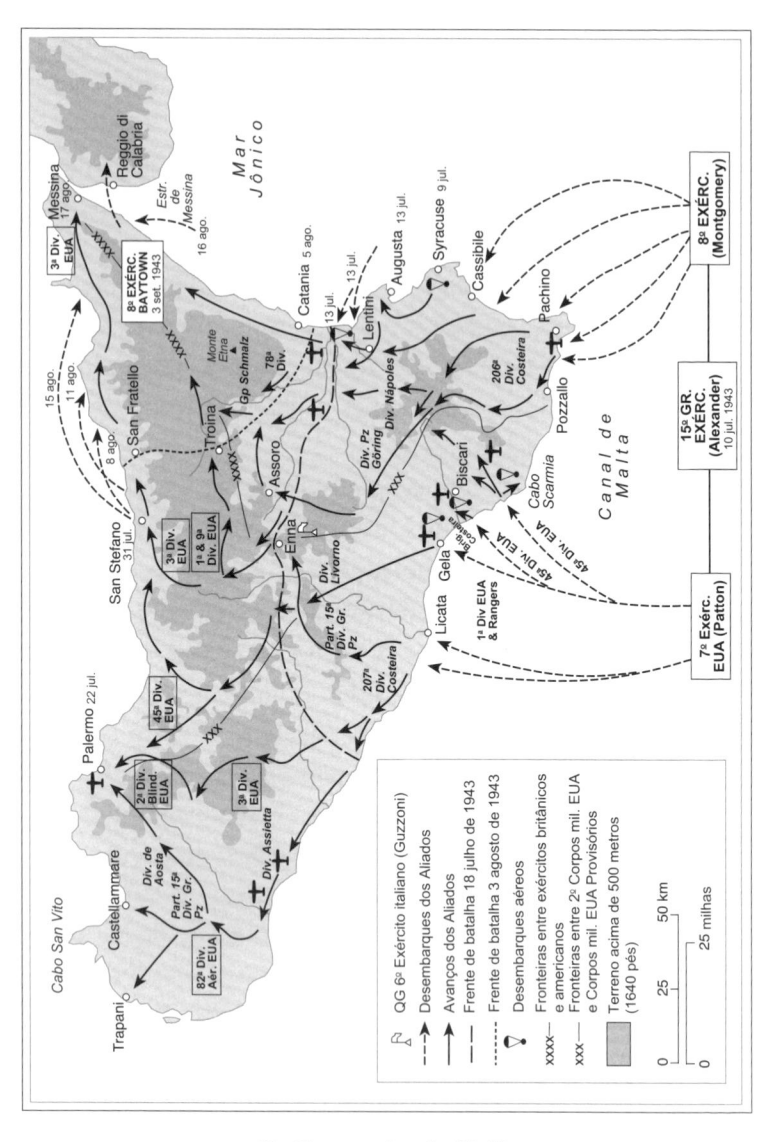

11. Campanha da Sicília

Essa compreensão tornara-se especialmente clara com a rendição italiana em setembro de 1943, mas começara meses antes.

O terceiro resultado da vitória dos Aliados na Sicília interligava-se com o segundo: os Aliados decidiram invadir a Itália continental enquanto o governo sucessor italiano de Pietro Badoglio negociava uma rendição. Os desembarques dos Aliados em setembro, com os ingleses na ponta da bota italiana e uma força conjunta britânico-americana alcançando Salerno, perto de Nápoles, obrigaram os alemães a escolherem entre comprometer forças consideráveis na defesa da Itália ou simplesmente abandoná-la. Decidiram-se, por fim, pela primeira opção e, a partir de então, dois exércitos alemães inteiros foram destacados para combater ali, incapazes tanto de apoiar o exército alemão em retirada na Frente Oriental quanto de intensificar as forças alemãs na França e na Bélgica, necessárias para rechaçar quaisquer desembarques de Aliados naqueles países.

O combate na Itália colocou dois exércitos dos Aliados contra dois dos alemães, com o controle do ar pelos Aliados compensando a parte terrestre, o que favoreceu a defesa. Em combate acirrado, os Aliados subiram a península. Mesmo sem alcançar o resultado desejado no esforço para quebrar o que parecia um impasse em lento movimento, os Aliados conseguiram capturar a península de Foggia com o desembarque na costa sul de Roma, em Anzio, em janeiro de 1944. Conforme previsto, essa captura garantiu aeródromos de onde os bombardeiros alcançavam alvos importantes em partes do centro ou sudeste da Europa, controladas pelos alemães ou aliadas a eles.

Assim como os soviéticos planejaram uma grande investida no verão de 1944, os Aliados ocidentais calcularam o lançamento de uma nova e relevante ofensiva na Itália para a mesma época.

A guerra no Pacífico em 1942-43

Nos meses em que os Aliados estavam interceptando e, em seguida, forçando o recuo das potências do Eixo no norte da África e na Europa, eles estavam envolvidos em operações muito semelhantes no Pacífico e no leste da Ásia. Após a importante vitória naval defensiva em Midway, em agosto de 1942 os americanos iniciaram uma ofensiva nas Ilhas Salomão, onde a construção de um aeródromo japonês, em Guadalcanal, ameaçava as comunicações marítimas americanas com a Austrália. Os japoneses adotaram, por opção, o procedimento que a situação de suas forças mais expressivas, ainda em construção, obrigou os americanos a seguir: o parcelamento de reforços. O resultado foi um combate exaustivo por seis meses, vencido pelos americanos, com o restante das unidades japonesas em Guadalcanal evacuadas em fevereiro de 1943. Enquanto os americanos conseguiram substituir perdas e de fato aumentaram suas forças no Pacífico, os japoneses não foram capazes de fazê-lo. Com o prosseguimento dos combates em Guadalcanal, na ilha e no seu entorno, as forças americanas e australianas na Nova Guiné foram pressionando os japoneses de volta pela Trilha de Kokoda e, em seguida, realizaram uma série de desembarques na costa norte da ilha.

Os americanos buscavam então uma estratégia para derrotar o Japão com uma dupla investida no Pacífico, auxiliados por duas outras ofensivas no leste da Ásia. No sudoeste do Pacífico, uma série de operações de desembarque liderada pelo general Douglas MacArthur avançaria pelas ilhas ocupadas pelos japoneses em sua primeira ofensiva até alcançar as Filipinas, que serviria como base para o ataque ao arquipélago japonês. No Pacífico central, as operações com fuzileiros navais e unidades do exército sob o almirante Chester Nimitz, depois de recuperar as duas Ilhas Aleutas tomadas pelos japoneses, atacariam pelos grupos de ilhas que os japoneses haviam tomado dos britânicos e aquelas outorgadas a eles depois da guerra anterior. Rumariam, em seguida, para as Filipinas ou para Taiwan, e então atacariam o Japão. Esperava-se que uma terceira ofensiva fosse iniciada a partir da China, bem mais próxima do arquipélago japonês, e que um ataque violento soviético vindo do norte, após a vitória sobre a Alemanha, mantivesse as forças japonesas ocupadas e ameaçasse o arquipélago japonês por outra direção.

Dado que a China estava em guerra desde 1937, pode ser útil nos concentrarmos naquele teatro de operações agora. De tempos em tempos, o exército japonês na China iniciava ofensivas locais em áreas ainda controladas pelo governo nacionalista, que continuava a contra-atacar. Os Estados Unidos mantinham uma pequena unidade de caças na China e esperava incorporar bombardeiros capazes de alcançar o arquipélago japonês. Os esforços de ação conjunta com os britânicos para eliminar os japoneses do norte da Birmânia tinham como propósito importante não só aumentar os suprimentos para os nacionalistas, como também viabilizar o emprego de bombardeiros. Até que uma nova estrada de ligação fosse construída ou a original, interrompida pelos japoneses, reaberta, uma operação de transporte aéreo sobrevoando os Himalaias a partir da província de Assam, ao norte da Índia, chamada de "A Corcova", entregou algumas provisões.

Três elementos se combinaram para levar os japoneses a iniciar duas grandes ofensivas no verão de 1944. A criação de bases aéreas na China, de onde os bombardeiros estratégicos americanos poderiam alcançar o Japão; o aumento do suprimento aéreo vindo de Assam, e o sucesso cada vez maior dos submarinos dos Aliados ao afundar navios japoneses levaram o Japão à decisão de iniciar a ofensiva "Ichigo" na China para capturar os novos aeródromos e, simultaneamente, criar uma ligação ferroviária dentro das resistências japonesas no sudeste asiático, agora isolado pelo afundamento de muitos navios mercantes japoneses pelos Aliados. Além disso, uma ofensiva de maior porte em Assam, vindo da Birmânia, cortaria o canal aéreo de suprimento e ainda poderia produzir uma rebelião na Índia. A ofensiva na China foi totalmente bem-sucedida. No longo prazo, ela ajudou a preparar o caminho para a vitória comunista ali, mais tarde, na guerra civil. No curto prazo, foi eficaz ao encerrar, ao mesmo tempo, o bombardeio do Japão a partir da China e a ideia de uma invasão do arquipélago japonês pela China. A invasão da província indiana de Assam culminou na maior derrota do exército japonês na guerra, com o exército anglo-indiano aniquilando-os na batalha de Imphal-Kohima e, a partir daí, iniciando a erradicação dos japoneses das partes central e sul da Birmânia.

No sudoeste do Pacífico, as forças americanas, com alguma ajuda australiana, obrigaram os japoneses a retrocederem mediante uma série de desembarques nas Ilhas Salomão e do Almirantado e na costa norte da Nova Guiné. No verão de 1944, os desembarques haviam alcançado um ponto em que as bases e as resistências japonesas restantes foram totalmente isoladas, enquanto os americanos se preparavam para um ataque-surpresa nas Filipinas. No teatro de operações do Pacífico Central, outra série de desembarques, começando por Tarawa, nas Ilhas Gilbert, avançara em direção às Marianas, onde o primeiro desembarque ocorreu em Saipan, em junho de 1944. Ainda nessa rota, as forças e bases japonesas foram abandonadas e seus navios dizimados. A campanha de ataques submarinos contra os navios japoneses (agora eficazes devido à violação dos códigos japoneses e do uso de torpedos eficazes) dificultou cada vez mais para os japoneses a utilização de recursos dos territórios tomados no inverno de 1941-42.

A resistência nas áreas ocupadas e as políticas dos países neutros com a virada do jogo

Em todos os teatros de operações, os sinais evidentes de que os Aliados tinham revertido a guerra serviram para estimular movimentos de resistência em territórios ocupados anteriormente por alemães, italianos e japoneses e nas áreas em que ainda permaneciam. Isso valeu não só para a Europa Ocidental e sudeste da Europa como também para a Dinamarca e a Noruega. Lá, assim como nas Filipinas, nas Índias Orientais Holandesas e em outras áreas ainda controladas pelos japoneses, a conduta horrenda das forças de ocupação contribuiu para alimentar a resistência. Os Aliados mantinham contato com os movimentos de resistência e forneciam-lhes armamentos. A mudança do apoio do governo britânico em relação à Iugoslávia, dos monarquistas chetniks para os membros da resistência comunista, contribuiu para a vitória dos segundos na guerra civil e para o movimento no pós-guerra de independência da União Soviética por seu líder Tito.

A mudança óbvia na guerra afetou também a conduta dos países que permaneciam neutros. A Turquia reduziu as entregas de minério de cromo para a Alemanha e lhe declarou guerra em fevereiro de 1945. Portugal foi mais complacente com o uso dos Açores pelos Aliados na Batalha do Atlântico, e a Espanha reduziu suas forças alinhadas à Alemanha na Frente Oriental. Lentamente, a Suécia deixou de auxiliar a Alemanha, e só a Suíça continuou a ajudar os alemães economicamente até as últimas semanas da guerra.

Um fator de destaque na mudança da guerra foi a disposição dos Aliados para, ao menos, tentar coordenar esforços. Foi o que fizeram nas conferências, nas missões militares e diplomáticas, apesar das discussões e dissidências frequentes. As conferências realizadas em Moscou, no Cairo e em Teerã em 1943 simbolizaram essa atitude publicamente, mas americanos e britânicos, em particular, aprenderam a trabalhar juntos com grande êxito. Por outro lado, alemães, italianos e japoneses nunca tentaram coordenar estratégias ou manterem-se informados. Enquanto, em alguns momentos, os Aliados chegaram a compartilhar a inteligência secreta, as potências do Eixo nada fizeram de parecido.

Capítulo 7

Evoluções no âmbito interno e nos campos da medicina e da tecnologia

Alemanha

O impacto da guerra no âmbito interno dos agressores foi contundente. O racionamento começou na Alemanha no final de agosto de 1939. Por grande parte do período de guerra, as rações da Alemanha eram as melhores da Europa, e nos primeiros anos foram complementadas por milhões de pacotes que os soldados levavam para casa dos territórios ocupados pelo exército alemão. Nesses pacotes, além de itens roubados em grandes quantidades havia os adquiridos deliberadamente com moedas desvalorizadas. A situação piorou de 1943 a 1945, conforme o exército alemão se rendia e o bombardeio dos Aliados desorganizava o sistema de transporte. Uma parte considerável das moradias alemãs foi destruída ou avariada pelos bombardeios e, nos últimos sete meses de guerra, pelos combates no interior do país. Havia também menos roupas, mobiliário e outros itens roubados dos judeus assassinados e dos países ocupados a serem distribuídos pela Organização Nacional-Socialista para o Bem-estar entre os alemães sobreviventes dos bombardeios. Por outro lado, as estrelas nazistas, Hitler, Göring e Alfred Rosenberg devotavam grande parte do tempo e dos esforços saqueando arte por toda a Europa.

Os programas de esterilização compulsória daqueles supostamente fadados a ter filhos defeituosos e prêmios e medalhas especiais para os que tinham uma prole "pura", instituídos em 1933, continuaram sem grandes objeções até as últimas semanas da guerra. O projeto iniciado em 1939 de matar todos os portadores de deficiências graves, mentais ou físicas, e outros em asilos e casas de repouso levantou algumas objeções por parte das igrejas cristãs. Dado que as vítimas tinham parentes entre as populações "arianas", o regime, cujos líderes acreditavam que a Alemanha não tinha sido derrotada na Primeira Guerra Mundial, mas sim esfaqueada pelas costas por problemas domésticos, mudou o procedimento para acalmar a revolta. Em agosto de 1941, ordenou-se oficialmente a paralização do extermínio, mas, na verdade, ele continuou de forma descentralizada até que as autoridades da ocupação forçaram a suspensão. O processo de extermínio descentralizado libertou os indivíduos ativos nos centros onde as pessoas tinham sido mortas para serem transferidos para novas instituições destinadas à execução sistemática de judeus na Polônia ocupada.

Na Alemanha, proliferaram campos e subcampos onde prisioneiros de guerra, trabalhadores raptados e escravizados ou qualquer um que se opusesse ao regime eram mantidos e de onde eram levados, aos milhões, para trabalhar ao lado de alemães que não tinham sido convocados. A sociedade alemã foi afetada pela continuação do sistema de polícia criado anteriormente, com sua onisciência, e pelo medo de denúncias. A despeito dos mais de 5 milhões de soldados alemães e das várias centenas de milhares de civis assassinados, a maioria dos alemães apoiou o regime até as últimas semanas da guerra.

Polônia

Nenhum país foi tão drasticamente modificado pela guerra quanto a Polônia. Em 1939, foi dividida entre a Alemanha e a União Soviética; em seguida, os alemães ocuparam a parte destinada aos soviéticos; depois, o Exército Vermelho ocupou todo o país, e, finalmente, a Polônia foi deslocada no sentido oeste, cedendo partes no leste para a União Soviética e adquirindo territórios anteriormente alemães no oeste e no norte. Tanto alemães quanto soviéticos mataram e deportaram imensa quantidade poloneses, mas havia diferenças básicas em suas diretrizes. A decisão dos alemães de exterminar os judeus do mundo inteiro resultou em mais de 3 milhões de judeus poloneses assassinados, com pouquíssimos sobreviventes em esconderijos ou entre deportados. Por outro lado, os soviéticos simplesmente deportaram uma quantidade enorme e desproporcional de judeus, muitos dos quais morreram no processo, mas pelo fato de os sobreviventes terem sido deportados para a Ásia central, ficaram fora do alcance dos alemães. O plano deles era eliminar toda a população de cristãos poloneses, começando pela intelligentsia e o clero, e prosseguir com os restantes, com trabalhos forçados, esterilização em massa e extermínio. Cerca de 3 milhões de cristãos poloneses tornaram-se vítimas dessa política antes da expulsão dos alemães. Por fim, a área viria a ser habitada somente por colonos alemães. Por outro lado, a União Soviética só queria transformar todos os poloneses, cristãos e judeus, em bons comunistas stalinistas. Entretanto, eles não se importaram com as centenas de milhares mortos ou deportados no processo, iniciado entre 1939 e 1941 e retomado após a expulsão dos alemães entre 1944 e 1945.

Dentro da Polônia ocupada, houve movimentos de resistência tanto nacionalistas quanto comunistas, embora o movimento nacionalista tenha sido aniquilado nos anos imediatos ao pós-guerra. As repetidas ondas de combates pelo país adentro o deixaram, em grande parte, em ruínas, com a capital Varsóvia devastada sistematicamente pelos alemães, após uma rebelião importante no verão de 1944. Por ironia, devido ao avanço rápido do Exército Vermelho no inverno de 1944-45, uma parte da área ao norte e no oeste adquirida pela Polônia foi menos devastada, conforme a população alemã do local foi expulsa e os poloneses, principalmente das áreas orientais devolvidas à União Soviética, ali se estabeleceram. No novo território ocidental, várias cidades também sofreram uma devastação durante o combate, mas não as áreas rurais. Depois da guerra, muitos poloneses, fugidos da ocupação alemã ou soviética, recusaram-se a voltar por se recusarem a viver sob o regime comunista ali instalado. O atrito entre poloneses e ucranianos continuou durante e após a guerra e incluiu violência e o reassentamento forçado de muitos ucranianos após a guerra.

Dinamarca e Noruega

Se a Polônia foi o país que mais mudou com a guerra, a Dinamarca foi o oposto. O governo se rendeu em 1940, permanecendo, porém, no controle administrativo do país até agosto de 1943. Em parte, ele sobreviveu à autoridade alemã mais direta naquela época e viu o país liberado sem combate devido à rendição alemã. Houve, entretanto, algumas prisões e uma resistência lenta porém crescente. Ainda que os produtos agrícolas ajudassem a alimentar a Alemanha, o povo dinamarquês salvou quase todos os judeus da Dinamarca, embarcando-os para a Suécia ou escondendo-os quando os alemães decidiram exterminá-los em 1943. A união da Dinamarca com a Islândia acabou durante o conflito, sendo que a Islândia e a Groelândia ficaram do lado dos Aliados e nenhuma das duas experimentou hostilidades significativas.

Para a Noruega, a situação era essencialmente diferente daquela da Dinamarca. Houve combate em 1940, com alguma destruição e, nos últimos meses da guerra, os alemães, em retirada pela parte nordeste do país, destruíram deliberadamente todos os prédios e instalações. Ataques-surpresa de comandos e a resistência local causaram estragos em algumas localidades e, com a esquadra norueguesa se juntando aos Aliados, muitos de seus navios foram afundados durante a guerra. Nas principais cidades, porém, a destruição foi pequena. Trondheim tinha sido programada para ser uma cidade alemã importante, com os planos grandiosos frustrados pela vitória dos Aliados. Internamente, as controvérsias deixaram problemas para o pós-guerra. O ministro anterior,

Vidkun Quisling, teve seu nome associado à traição pelo seu apoio aos invasores alemães. Quisling foi julgado e executado no pós-guerra, e isso simbolizou um jeito de lidar com a colaboração. Dentre outras vítimas da guerra, muitos membros da resistência foram executados pelos alemães, e a maioria dos judeus do país foi morta quando o segundo no comando do ministério do exterior alemão, o secretário de Estado Ernst von Weizsäcker, dispensou a oferta da Suécia para acolhê-los. No entanto, a maior parte do território norueguês foi devolvida sem estragos, em 1945, pela força alemã enviada para lá seguindo ordens de Hitler para rechaçar uma invasão prevista do Aliados.

Holanda, Bélgica, Luxemburgo e França

A Holanda foi cenário de combates e bombardeios em 1940 e novamente em 1944-45. Em alguns lugares, os alemães abriram os diques em 1944 para alagar certas áreas e, no inverno de 1944-45, houve fome. A atividade de resistência provocou uma ampla execução de reféns, e a maior parte dos judeus foi removida para centros de extermínio. Enquanto as Índias Ocidentais Holandesas demonstraram estar a salvo de japoneses e alemães, as Índias Orientais foram alvo de ocupação japonesa. Lá, o desejo por independência tinha sido estimulado pela suspensão da antiga administração colonial e a libertação pelas forças americanas e australianas, e isso significou que o controle holandês terminaria logo após sua restauração simbólica em 1945. O governo exilado voltou e precisou enfrentar uma sociedade duramente afetada pelo conflito, em particular durante os últimos meses de guerra.

A Bélgica também foi palco de combates graves em 1940 e 1944-45, principalmente devido à ofensiva alemã das Ardenas em 1944, conhecida como Batalha do Bolsão [ou das Ardenas], que resultou em destruição considerável em alguns pontos. Durante a ocupação, os alemães haviam fuzilado vários resistentes, reais ou imaginários, e dizimado também moradores dos vilarejos em sua última investida. O fato de que o rei ficara para trás, ao contrário da rainha da Holanda, criou problemas para o retorno do governo no exílio. A ocupação aumentara o atrito entre representantes valões e flamengos da população, e a maior parte dos judeus do país fora dizimada. O país levaria anos para se recuperar, e seus atritos internos continuaram.

Luxemburgo foi rapidamente ocupado em 1940 e anexado à Alemanha. Foram vários os movimentos para germanizar a área durante a ocupação, e registraram-se alguns combates no inverno de 1944-45, com poucos danos físicos. A Grande Duquesa, que deixara o país, retornou com a recuperação da independência.

A situação interna da França, extremamente complicada, afetou não só o impacto imediato da guerra como também as discussões, as lembranças e as políticas do país mais tarde. O combate em maio e junho de 1940 causou algum dano, mas nada parecido com o conflito anterior. Os alemães ocuparam a maior parte do país e, em novembro de 1942, o que restara dele. Inúmeros reféns foram fuzilados, assim como membros da resistência reais ou imaginários, e muitas comunidades foram completamente arrasadas. Parte da população judia foi levada para centros de extermínio, mas a maioria sobreviveu em parte devido às objeções do clero e das famílias francesas que os escondia e principalmente porque as invasões dos Aliados em 1944 encerraram o programa de deportação então em andamento. Essas invasões e os bombardeios que as precederam e acompanharam causaram imensas baixas entre a população civil e estragos enormes, particularmente no norte e nordeste do país.

O regime de Vichy, instalado na parte não ocupada da França, tentou reverter todas as mudanças do país desde 1789 e deixou para o século seguinte as discussões, os mitos e as lembranças para agitar a esfera pública do país. Houve um surto de execuções sumárias de colaboradores reais e imaginários em 1944-45 e, mais tarde, alguns julgamentos de supostos colaboradores. A resistência deixou os próprios mitos para os debates do pós-guerra. O vasto império colonial francês, dividido entre os leais a Vichy e os leais à França Livre do líder De Gaulle, tinha sido disputado em muitos casos, e fervilhava com movimentos anticolonialistas no final da guerra. Mesmo com uma parte de sua economia extensamente agrícola, houve fome em cidades francesas. A maior parte dos deportados para trabalhos forçados voltou para casa em 1945, enquanto dezenas de milhares de prisioneiros de guerra alemães foram retidos na França como mais um grupo de trabalhadores forçados para ajudar nas fazendas e na reconstrução. A derrota repentina de 1940 fora um duro golpe para o orgulho do país, e o general De Gaulle deu o melhor e o pior de si para recuperá-lo. Sua tentativa de anexar parte do noroeste italiano foi impedida pelo presidente Truman, mas, de fato, a França recebeu zonas de ocupação na Alemanha e na Áustria, assim como setores em Berlim e Viena; deteve o controle total sobre a área do Sarre; ocupou um lugar no Conselho de Controle Aliado na Alemanha e foi designado ao país um assento permanente no Conselho das Nações Unidas.

A Grã-Bretanha, sua Commonwealth e o Império

Quaisquer que fossem as divisões existentes na Grã-Bretanha antes da guerra e durante seus primeiros meses desapareceram na primavera e no verão de 1940. A população se uniu diante do número considerável de vítimas dos bombardeios entre os civis, da grande destruição das cidades e de um racionamento que perdurou por dez anos após a vitória. A série de derrotas calamitosas e suas inúmeras vítimas abalou o público, primeiro nas mãos dos alemães e posteriormente na dos japoneses, sem que isso levasse a uma mudança de governo entre maio de 1940 e julho de 1945. Como na França, as baixas militares foram pequenas se comparadas às da Primeira Guerra Mundial. O governo confinou e depois libertou alguns simpatizantes nazistas e uma grande quantidade de refugiados da Alemanha nazista, enviando alguns destes, mais tarde, para o Canadá e a Austrália. A morte e a destruição causadas pelos mísseis balísticos alemães V-1 e V-2 em 1944-45 puseram à prova os nervos de uma população já sofrida demais. No entanto, já que por essa época a vitória se aproximava, o efeito geral nunca foi o que Hitler esperava. O povo viu de perto o que chamaram de "ocupação americana" de centenas de milhares de militares americanos com uma mistura de alegria e ressentimento, referindo-se a eles como "bem pagos, bem servidos de sexo, bem aqui".

Restrições importantes para a vida da população continuaram, mas o futuro do país foi afetado de modo mais contundente por outros dois efeitos da guerra. A lembrança da situação desalentada do país, durante os anos entreguerras, e as esperanças de um país menos dividido socialmente e mais igualitário em termos econômicos causaram uma vitória esmagadora na eleição em julho de 1945, que levou o Partido Trabalhista ao poder. Nos assuntos externos, os esforços da Grã-Bretanha na Segunda Guerra Mundial deixaram-na com status de Grande Potência no papel, mas na realidade ficou bastante enfraquecida. Os territórios do país não só garantiram uma maior independência nos assuntos diplomáticos como, especialmente no caso da Austrália e da Nova Zelândia, passaram a buscar nos Estados Unidos uma fonte de segurança. A perturbação rondava o império colonial, com sua maior unidade, a Índia, claramente a caminho da independência, e outras, tanto na Ásia quanto na África, tomando uma direção semelhante. As duas guerras mundiais puseram um fim ao papel da Grã-Bretanha como a superpotência mundial.

Itália

Mussolini encontrara dificuldade para explicar ao povo italiano a razão para entrarem em guerra novamente. A derrota militar no leste e no norte da África, assim como na Grécia, seguida de perdas desastrosas no início de 1943 na Frente Oriental, dissolveu quase todo o apoio popular que o sistema fascista jamais tivera. As decisões da Alemanha de ajudar a Itália foram mais lamentadas do que agradecidas, com o resultado decisivo que, de julho de 1943 a maio de 1945, o país foi palco de combates altamente destrutivos. A perda do império colonial aliviou o estado de despesas expressivas e, assim, contribuiu para a recuperação do país no pós-guerra. No entanto, os principais impactos da guerra foram o afastamento da monarquia que unificara o país no século anterior, a perda de território para a Iugoslávia e lembranças amargas das perdas humanas e materiais somadas ao que restara de algo perto de uma guerra civil no último ano do conflito.

A União Soviética

A guerra transformou a União Soviética. Mais de 25 milhões de soviéticos foram mortos ou morreram de fome ou de doenças, enquanto milhões de membros das minorias nacionais foram forçados a se mudar devido a inclinações reais ou supostas para colaborar com o invasor. De volta à pátria, prisioneiros de guerra libertados e trabalhadores escravos foram punidos em vez de acolhidos. Milhares de comunidades foram destruídas. Por outro lado, pela primeira vez, o regime ganhara legitimidade aos olhos da maioria da população, conforme os horrores da ocupação alemã e a política de prisioneiros de guerra tinham transformado Stalin de ditador temido e odiado no bondoso salvador do povo, livrando-o de um destino terrível demais. Mesmo com grandes danos à economia nas partes ocidentais do país, as fábricas evacuadas e recém-construídas na área dos Urais e na Ásia central continuaram funcionando. O relaxamento temporário, permitido pelo regime durante o conflito para unir a população, seria invertido em vez de ampliado, mas isso foi compensado para muitos no país pelo novo status do Estado nos assuntos internacionais. Havia orgulho no papel do país no grande tribunal da guerra, apesar do altíssimo custo. Os ocupantes de postos de autoridade, em todos os níveis, conseguiam tirar alguma satisfação da inversão dos resultados da sina da Rússia na guerra anterior: ela havia ganhado e não perdido territórios, e dominou a Europa Oriental e o sudeste da Europa em vez de perder totalmente a influência sobre seus vizinhos europeus. A Rússia também retomara territórios no leste da Ásia, perdidos para o Japão em 1905, mas poucos no país sabiam ou se importavam com isso.

Japão

A frente interna japonesa foi gravemente castigada pelos oito anos de guerra. O sofrimento humano constante, maior ainda com os bombardeios em 1944-45, tornou-se mais difícil de suportar conforme a campanha de submarinos americanos, cada vez mais eficaz, reduzia os suprimentos para a indústria do país. A população se esgotou, mas continuou apoiando o regime que, em 1942, promovera eleições em que alguns candidatos não aprovados pelo governo tinham conseguido assentos na Dieta [Dieta Nacional do Japão]. A decisão do governo pela rendição poupou o país de milhões de vítimas, de mais bombardeios, de combates destrutivos no arquipélago japonês somados ao lançamento de mais bombas atômicas e da posterior divisão em zonas e setores de ocupação. É possível que aqueles que aconselharam o imperador a ordenar a rendição tivessem sido influenciados pelo medo de uma rebelião política interna conforme a privação e o sofrimento se agigantavam. Qualquer que fosse o motivo, a rendição significava a continuação da unidade nacional sob um comando supremo americano. Houve uma força de ocupação britânica e uma americana, mas a população rapidamente compreendeu que esses soldados estavam ali mais para ajudar do que para importunar. A captura pela União Soviética de algumas ilhazinhas ao largo da costa de Hokkaido e a deportação de sua população permanece fonte de disputa territorial, mas ela afetou somente uma porção pequeníssima de uma população aliviada pelo fim das hostilidades. Sob um sistema modificado, basicamente sob os auspícios americanos, o país adquiriu uma nova constituição, sindicatos independentes, a reforma agrária, o voto feminino e uma economia em lenta recuperação.

China

O impacto da guerra transformou a China econômica e politicamente. O total de perdas humanas é desconhecido, mas o mais provável é que tenham alcançado, no mínimo, 15 milhões. Foi grande a destruição, mas houve também algum desenvolvimento industrial nas partes ocupadas e não ocupadas do país. Os soviéticos esvaziaram grande parte da indústria japonesa desenvolvida na Manchúria desde que a haviam ocupado em 1931. Contudo, o maior impacto dos anos de combate foi o de abortar o esforço do Partido Nacionalista de Chiang Kai-Shek para reconsolidar o Estado desorganizado desde o início do século XX. Conforme já mencionado, o principal efeito no longo prazo das operações militares japonesas, principalmente a Ofensiva Ichigo de 1944, foi dar condições aos comunistas chineses de vencerem a guerra civil que logo se seguiu ao final do combate entre Japão e China. A relutância do Japão do pós-guerra em aceitar seus registros hediondos de assassinatos, estupros e devastação deixou na China, assim como noutros pontos do leste e sudeste da Ásia, uma herança de ódio que impediu o tipo de reconciliação entre povos que uma política e atitude diferentes por parte da Alemanha do pós-guerra trouxe para a Europa.

Estados Unidos

Nos Estados Unidos praticamente não se registrou o tipo de divisão existente antes e durante a Primeira Guerra Mundial. O ataque japonês garantira que conflitos localizados, algum racionamento, esforços do governo para controlar preços, e uma ou outra greve e bloqueio nunca afetassem uma determinação geral para perceber um desfecho vitorioso para a guerra. A emissão de títulos do governo, a doação de sangue e a coleta de sucata de metal e outros itens foram logo aceitos. O encarceramento temporário de nipo-americanos em alguns estados americanos, para evitar que eventuais nipo-americanos desleais impedissem o serviço de inteligência de decifrar os códigos japoneses, significou provações para as vítimas e arrependimentos posteriores da sociedade americana. A eleição de meio de mandato de 1942 reforçou a oposição republicana, mas o presidente Roosevelt conquistou um quarto mandato na eleição de 1944, e, assim, um democrata, Harry Truman, o sucedeu quando de sua morte em abril de 1945. É preciso registrar quatro efeitos de longo prazo relevantes dos acontecimentos em tempos de guerra. O esforço deliberado de Roosevelt para acostumar a população a um papel diferente no mundo do pós-guerra foi bem-sucedido. Assim, não houve rejeição ao acordo de paz e à organização internacional como acontecera após a Primeira Guerra Mundial. As decisões tomadas durante a guerra para situar instalações e campos de treinamento, assim como a construção naval em partes do sul, do oeste e sudoeste do país, por questões de clima e de geografia local, resultaram em uma mudança na distribuição populacional e na subsequente alocação do poder político. Para concluir, havia mudanças significativas em andamento na condição social das mulheres e dos afro-americanos.

América Central e do Sul, países neutros e desenvolvimentos técnicos

Os países da América Central e do Sul juntaram-se

aos Aliados, exceto a Argentina. O Brasil e o México enviaram contingentes reduzidos para o combate, e, fora isso, seu papel principal foi contribuir com provisões e navios, negando essa ajuda às potências do Eixo. Alguns residentes de origem germânica foram enviados para os Estados Unidos para internamento em campos, mas houve relativamente pouca revolta interna nesses países. No final da guerra, vários deles receberam grande quantidade de criminosos de guerra alemães e croatas, fugindo de possíveis julgamentos, geralmente auxiliados pela Cruz Vermelha e membros do Vaticano.

Em grau considerável, os países europeus neutros tiraram proveito da guerra vendendo produtos para ambos os lados a preços elevados. A Suécia também permitiu o trânsito de soldados alemães, e a Suíça se envolveu profundamente nas operações financeiras e pilhagens nazistas. Entretanto, só a Espanha enviou uma quantidade expressiva de soldados para lutar ao lado da Alemanha, mas os sobreviventes regressaram a um país que ainda se recuperava de uma dura guerra civil.

Em todos os principais países combatentes, os avanços significativos na tecnologia militar e nas práticas médicas empregadas durante a guerra foram de importância fundamental no pós-guerra. Novos tanques, aviões, navios de guerra e peças de artilharia foram construídos e empregados no combate. Dentre as inovações mais notórias, usadas durante as hostilidades e mais desenvolvidas a partir de então, destacaram-se os radares, aviões a jato, mísseis balísticos e armas nucleares. A tentativa mais extremada de destruição, os milhares de balões-bomba que os japoneses pretendiam usar na destruição de partes ocidentais dos Estados Unidos e do Canadá, causaram, na verdade, pouco estrago e quantidade mínima de vítimas. O uso, em larga escala, de transfusões de sangue e o aparecimento de novos medicamentos como a penicilina salvaram a vida de milhares de feridos e se tornaram referência na medicina do pós-guerra. Assim, ainda que a destruição material causada pelo conflito tenha sido imensa, houve também alguns aspectos benéficos nas inovações dos tempos de guerra.

Capítulo 8

A vitória dos Aliados, 1944-45

O Eixo

Na primavera de 1944, o objetivo alemão de conquistar o mundo estava claramente fora de alcance. Hitler e aqueles mais próximos a ele esperavam que um desmonte da aliança formada pelos que combatiam o Eixo ou a derrota de uma invasão dos Aliados no Ocidente, prevista para aquele ano, desse condições à Alemanha de mobilizar forças expressivas da Frente Ocidental para a Oriental para destruir um Exército Vermelho que sofrera baixas imensas em combate anterior. Ao mesmo tempo, a Alemanha planejava continuar seu programa prioritário de executar todos os judeus ao seu alcance, qualquer que fosse seu efeito sobre a conduta das operações militares.

Na Itália, o governo posterior a Mussolini, e que se rendera aos Aliados, viu-se instalado sob a supervisão deles no sul do país. O governo recrutou algumas tropas para lutar ao lado dos Aliados, mas só conseguiu assistir à enorme devastação do país com o combate, e um regime fantoche sob Mussolini foi instituído pelos alemães no norte da Itália onde membros da resistência lutavam contra os alemães e entre si. Anteriormente, o governo japonês acatara o acordo com a Alemanha de dividir a Ásia no 70° de longitude, mas mesmo o sucesso da ofensiva Ichigo, no verão de 1944, não conseguiu compensar as derrotas na Índia, nas Marianas e no sudoeste do Pacífico, ou as perdas crescentes de navios nas rotas marítimas vindas do sudeste asiático. Continuar lutando com o máximo de bravura possível parecia ser a única opção.

Os Aliados

Os Aliados ocidentais pretendiam lutar até que as potências do Eixo se rendessem incondicionalmente. Dessa vez não haveria a falsa aparência de que os derrotados não tinham sido realmente derrotados, conforme os alemães argumentavam que ocorrera após a Primeira Guerra Mundial. Os líderes do governo americano estavam igualmente determinados a não permitir que seu país abandonasse o mundo como fizera após a Primeira Guerra Mundial, mas que, ao contrário, seu povo se engajaria numa organização internacional. Não é possível descrever, com precisão, as ambições do regime soviético em sua totalidade até que o arquivo presidencial, em Moscou, seja aberto (tomara que isso ocorra antes que o papel usado no registro não se desintegre, sem recuperação), mas alguns pontos são claros. O regime planejava ampliar sua dominação e, além disso, sua influência Europa adentro o máximo possível. Ele se filiaria a uma organização internacional na esperança de, com isso, impedir uma nova invasão por uma Alemanha reabilitada, ainda que expulsa da Liga das Nações. É preciso lembrar que todos os líderes da época se viam fortemente influenciados pelo fato de que a Alemanha, mesmo derrotada, fizera uma segunda aposta pela dominação do mundo depois de meros vinte anos. Assim, eles concentraram atenção e planos para evitar a repetição daquela experiência.

Na conferência em Teerã, no Irã, os Aliados tinham, basicamente, concordado com a realização de ofensivas em 1944 em todas as principais frentes de batalha da Europa, incluindo, em particular, uma invasão pelo Canal da Mancha, apoiada por outra na costa francesa do Mediterrâneo. Apesar das persistentes hesitações de Churchill, os planos para a "Operação Overlord", a invasão através do Canal, prosseguiram e, face a objeções britânicas ainda mais fortes, prosseguiram também os planos para o desembarque na Riviera Francesa, primeiro sob o codinome "Anvil" e depois chamado de "Dragão". A premissa acertada dos Aliados era que grandes ofensivas simultâneas na Itália, na França e na Frente Oriental impediriam a Alemanha de deslocar forças de qualquer parte da Europa para se defender de ofensivas em algum outro lugar. Além disso, operações forjadas bem-sucedidas no Ocidente mantiveram as tropas alemãs na região de Calais e na Noruega, esperando por desembarques que jamais aconteceram, enquanto os soviéticos adotaram a mesma tática, mantendo as reservas alemãs esperando por uma ofensiva soviética contra o Grupo de Exércitos alemão do Norte da Ucrânia, quando o grande golpe era atingir o Grupo de Exércitos do Centro.

Cronologicamente, os Aliados começaram com uma ofensiva maior na Itália no dia 11 de maio. As tropas britânicas e americanas abriram caminho através das defesas alemãs e juntaram-se àquelas desembarcadas em Anzio, em janeiro. Contrariando os planos e o bom senso, o comandante americano general Mark Clark apressou-se em direção a Roma, em vez de isolar uma parte grande da força alemã. Roma foi libertada no dia 4 de junho, mas os Aliados enfrentaram o duro caminho para o norte a fim de desimpedir o centro-norte da Itália. Mesmo assim, a ofensiva na Itália impediu os alemães de transferir tropas para outras frentes de batalha ameaçadas logo a seguir e permitiu que os Aliados utilizassem algumas unidades, até então baseadas na Itália, no desembarque no sul da França.

Em 6 de junho, forças britânicas, americanas e canadenses desembarcaram em cinco praias da Normandia, uma operação viabilizada pela vitória anterior das três, no ar e nos oceanos. Determinada, a resistência alemã desacelerou a junção de suas cabeças de ponte e a penetração pelo interior da França. Entretanto, na última semana de julho, os americanos romperam a frente de batalha da Normandia pela extremidade ocidental e avançaram rapidamente pelo interior francês e pela Bretanha (Mapa 12). No dia 20 de julho, opositores de Hitler fracassaram numa tentativa de matá-lo e, com uma única exceção, todos os altos comandos alemães acorreram ao líder que os havia subornado, e não ao general Ludwig Beck, líder da oposição militar e ex-chefe do Estado-maior. Em meados de agosto, o exército americano e o francês desembarcaram na costa francesa do Mediterrâneo e avançaram para o norte, depois de capturar os portos importantes de Toulon e Marselha que, então, se tornaram essenciais para

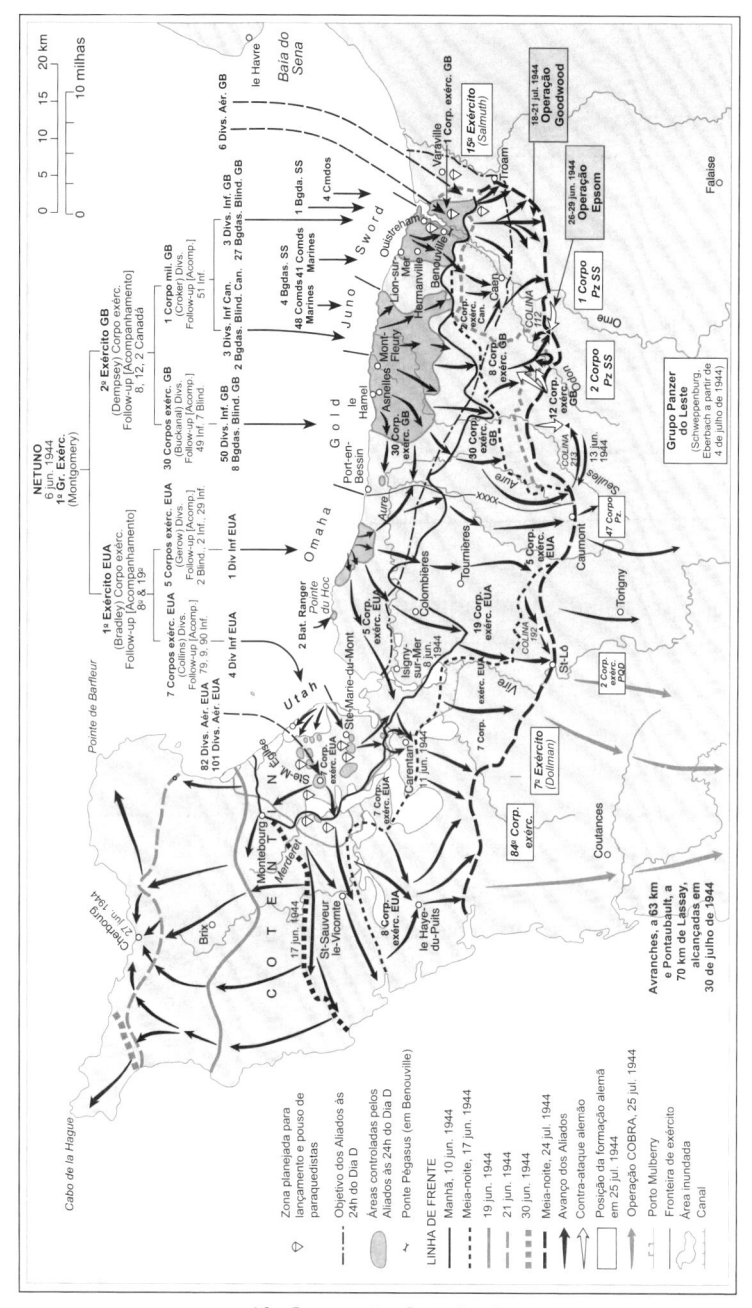

12. Operação Overlord

suprir os Aliados. Paris foi libertada pela mobilização proveniente da Normandia, e logo depois as duas forças desembarcadas se encontraram.

Foi um fracasso o esforço do pesado contra-ataque alemão para interceptar a força americana que penetrara pela Normandia. Por outro lado, a destruição e/ou o controle dos portos para evitar o acesso dos Aliados a provisões e reforços para seus exércitos contribuiu para diminuir o ritmo das ofensivas dos Aliados no outono, mas ainda assim não conseguiu derrotá-los. Em setembro, os Aliados fracassaram na tentativa de ultrapassar a barreira do rio Reno, na extremidade norte da frente de batalha, combinando uma série de ataques-surpresa aéreos para capturar pontes sobre afluentes do rio e atravessá-las para entrar pela Holanda e pelo norte da Alemanha. A tentativa dos Aliados falhou quando os alemães aniquilaram a divisão aérea posicionada no extremo norte. Mesmo assim, os Aliados continuaram avançando em alguns setores, e a primeira cidade alemã, Aachen, foi capturada pelos americanos no dia 21 de outubro. Os reforços e as fortificações alemãs próximas à fronteira alemã, erigidas antes da guerra, retardaram os Aliados enquanto os alemães preparavam, em segredo, uma contraofensiva robusta.

Na Frente Oriental, o Exército Vermelho expulsou os alemães da maior parte da Ucrânia nos primeiros meses de 1944, além de recuperar a Crimeia em abril. Uma ofensiva russa mais expressiva na Romênia, em abril e maio, foi revertida pelos alemães em sua última vitória tática significativa no Leste. Em junho, os soviéticos atingiram primeiro a Finlândia e, em uma série de ofensivas, forçou-a a pedir o armistício, assinado em setembro. Devido a uma operação alemã [ao se recusar a deixar o solo finlandês], os finlandeses acabaram lutando contra seus antigos aliados. A principal (e cuidadosamente preparada) ofensiva soviética atacou o Grupo de Exércitos Alemães do Centro em 22 de junho. A operação "Bagration" resultou na maior derrota da Alemanha na guerra, com todo o Grupo de Exércitos desmantelado, com dezenas de milhares de soldados alemães aprisionados (Mapa 13). O Exército Vermelho avançou rapidamente e isolou as unidades alemãs na extremidade norte da frente de batalha, rumando para o Mar Báltico. Os alemães reabriram temporariamente um corredor para suas tropas. Mais tarde, porém, uma força alemã importante foi isolada a oeste da Lituânia e ali mantida até o fim da guerra, por ordem de Hitler, aconselhado pela marinha alemã, que precisava controlar o Báltico para circular com seus novos submarinos. O Exército Vermelho no centro avançou pela Polônia, mas foi paralisado conforme os poloneses emergiram dos subterrâneos em Varsóvia.

As cabeças de ponte por sobre os rios Vístula e Narew protegidas pelo Exército Vermelho seriam usadas posteriormente em sua ofensiva de inverno. Nesse ínterim, uma incursão bem-sucedida na Romênia foi correspondida por uma mudança de lado da Romênia no final de agosto, facilitando a ocupação da Bulgária pelos soviéticos e o início de uma ofensiva na Hungria. Dado que esse país tentara encontrar uma forma de sair da guerra, as tropas alemãs o ocuparam em março de 1944. Essa foi

13. Guerra germano-soviética 1943-44

a oportunidade temporária para os alemães trucidarem uma parte considerável da imensa comunidade de judeus da Hungria, mas, em seguida, foram obrigados a defender o país contra o Exército Vermelho.

O inverno de 1944-45 na Europa

Em meados de dezembro, os alemães lançaram suas últimas reservas contra os americanos nas Ardenas, esperando retomar o importante porto de Antuérpia; banir os Estados Unidos da guerra europeia na medida em que sua frente interna ruíria sob o impacto de uma derrota contundente; alcançar um efeito semelhante sobre os britânicos e, assim, liberar forças maciças para a Frente Oriental. A ofensiva surpreendeu os americanos e os fez recuar temporariamente naquela que ficou conhecida como a Batalha do Bolsão. A ofensiva, porém, se transformou numa derrota surpreendente, com a resistência dos americanos e perdas imensas dos alemães em termos de número de soldados e de equipamento. Em fevereiro, os Aliados ocidentais retomaram ofensivas expressivas, e dado que os alemães tinham empenhado e perdido a maior parte de suas forças na margem esquerda do Reno, os Aliados logo cruzaram aquela última possível barreira e penetraram na Alemanha.

Em janeiro, os soviéticos tinham retomado as ofensivas na parte central da linha de frente e na Hungria. Eles penetraram na Alemanha e na Áustria, e, apesar dos contra-ataques em ambos os lugares, cercaram Berlim em abril, enquanto se reuniam com os americanos em

Torgau, mais ao sul de Berlim. As forças alemãs na Itália se renderam no início de maio. O almirante Dönitz, que sucedeu a Hitler no dia 30 de abril após seu suicídio, ordenou uma rendição geral incondicional em 8 de maio. Com raras exceções, todas as unidades alemãs, em terra, no mar e no ar acataram a ordem de rendição.

Ofensivas aliadas no leste da Ásia e no Pacífico

Na guerra no leste da Ásia e no Pacífico, os britânicos concluíram a reconquista da Birmânia e se prepararam para desembarcar na costa de Malaia (Operação Zíper), programada para setembro de 1945. Os desembarques americanos bem-sucedidos nas Marianas, na costa noroeste da Nova Guiné, na ilha Morotai e nas ilhas Palau prepararam o terreno para o desembarque na ilha de Leyte, no centro das Filipinas, em outubro de 1944 (Mapa 14). O combate foi árduo e extenso nessa ilha, assim como a importante batalha naval em que os japoneses tentaram desesperadamente impedir o desembarque e derrotar a força naval americana que o apoiava. Ainda que retardados pelos japoneses fortalecidos, os americanos tomaram Leyte, somente para constatar que a ilha não era apropriada para as bases aéreas necessárias para amparar a invasão planejada de Luzon e um desembarque em Mindoro planejado para meados de dezembro. A batalha naval veio a ser uma relevante vitória americana, em que a extraordinária bravura dos porta-aviões de escolta e contratorpedeiros americanos combinados com uma leitura equivocada da situação pelo comandante naval japonês Kurita Takeo (que pensava estar diante da principal frota americana) compensou a decisão do almirante americano William Halsey de perseguir a frota japonesa de "isca" em vez de dar cobertura ao desembarque das forças. Ironicamente, na parte da batalha naval travada no Estreito de Surigao, a maior parte dos encouraçados eram aqueles que os japoneses supostamente teriam "afundado" em Pearl Harbor, no dia 7 de dezembro de 1941, mas que, na verdade, tinham sido içados, recuperados e devolvidos à ação.

A invasão americana da ilha de Luzon, ao norte, começou em janeiro de 1945 e levou à libertação de Manila num combate duro, no qual as forças japonesas assassinaram e estupraram milhares em março de 1945, da mesma forma como em Singapura, em fevereiro de 1942, sob o mesmo comandante, Yamashita Tomoyuki. Esse comandante, com forças consideráveis, continuou no controle de uma parte norte de Luzon até a rendição japonesa, enquanto os americanos realizaram uma série de desembarques em outras ilhas no centro e ao sul das Filipinas.

Foi durante a campanha nas Filipinas que os japoneses começaram com os aviões suicidas, os *kamikaze*. Ao mergulharem sobre os navios americanos, causavam danos graves em muitos deles. Mais tarde, a utilização de pequenas aeronaves suicidas, transportadas por aviões maiores até o alvo e ali liberadas, foi bem menos eficaz. Os japoneses também construíram e empregaram, cada vez mais, submarinos suicidas (*kaiten*) e outras modalidades de navios suicidas, ainda assim de pouco efeito. A

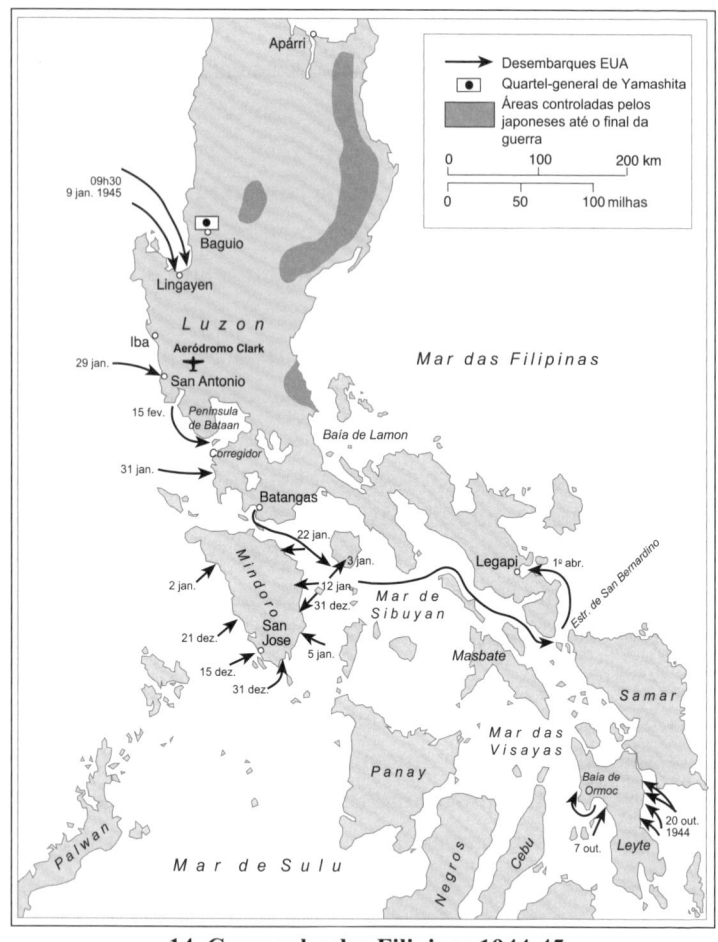

14. Campanha das Filipinas 1944-45

utilização de milhares de balões incendiários, mencionados antes, que cruzaram o oceano Pacífico para incendiar florestas e cidades do oeste do Canadá e dos Estados Unidos foi o conceito mais destrutivo de um país em guerra, mas, na prática, o impacto foi mínimo.

Em fevereiro de 1945, os fuzileiros navais americanos desembarcaram em Iwo Jima, nas Ilhas Bonin, entre as

Filipinas e o arquipélago japonês, onde havia vários aeródromos. Uma campanha dura e custosa colocou a ilha sob o controle americano. Decididos a garantir uma base de maior porte para as invasões planejadas no arquipélago japonês, os americanos organizaram um novo exército e desembarcaram em Okinawa, a maior ilha da cadeia Ryukyu, em 1º de abril de 1945 (Mapa 15). Por essa época, os britânicos estavam em condições de desempenhar um papel de destaque na Guerra do Pacífico e contribuíram com uma parte da frota de cobertura naquela que se tornou a batalha mais sangrenta para o exército e a marinha americanos na guerra contra o Japão. O combate, a princípio na parte sul da ilha, durou mais de três meses, mas a ilha acabou completamente tomada, com os aeródromos importantes capturados, de fato, nos primeiros dias.

Durante o combate em Okinawa, as forças australianas e americanas iniciaram as operações contra os japoneses pelas ilhas que eles haviam conquistado nas Índias Orientais Holandesas. Em uma série de desembarques em Bornéu, de maio a julho de 1945, grande parte daquela ilha foi tomada, com seus importantes poços de petróleo, e um desembarque em Java foi planejado para setembro. Uma quantidade expressiva de forças japonesas permaneceu em grande parte das Índias até a rendição em setembro.

A derrota final do Japão

Os planos para pôr um fim à guerra contra o Japão, a "Operação Downfall", incluíam desembarques na ilha

15. Campanha de Okinawa 1945

de Kyushu, ao sul, em novembro de 1945, a "Operação Olímpica", para criar bases para os desembarques na Baía de Tóquio e proximidades, e a "Operação Coronet", em março de 1946.

Nessas operações, a força inicial seria americana e, em "Coronet", divisões da Commonwealth britânica e da França seriam incluídas na sequência. A expectativa de um ataque da China e de Formosa/Taiwan tinha sido frustrada pela ofensiva "Ichigo" japonesa, mas esperava-se um apoio maior por parte de um ataque dos exércitos soviéticos, imobilizando as forças japonesas na Manchúria, na Coreia e na China, bem como atacando e bombardeando do arquipélago japonês a partir do Norte. A maior preocupação era que, após a ocupação do arquipélago japonês, as tropas japonesas, com mais de um milhão de soldados, no Leste e Sudeste Asiático e em ilhas e partes de ilhas do Pacífico, continuassem a lutar até a morte, o que obrigaria os Aliados a se envolverem em "Operações Pós-Coronet". Ao contrário do combate na Europa e no norte da África, a luta contra o Japão resultou em quantidades ínfimas de soldados japoneses rendidos (principalmente quando feridos ou quando eram de fato habitantes locais recrutados a força) e nenhuma unidade por inteiro jamais se rendeu, como aconteceu em Stalingrado e na Tunísia.

Os Aliados ordenaram ao governo japonês que se rendesse em julho de 1945, de Potsdam, sendo o momento e o local uma escolha deliberada. Quando essa exigência e conselhos semelhantes de diplomatas japoneses, conhecidos pelos americanos graças às decodificações de mensagens, foram "unanimemente rejeitados" pelo conselho de governo em Tóquio, o presidente americano Harry Truman, de acordo com o secretário de guerra Henry Stimson e com a concordância anterior dos governos britânicos e soviéticos, decidiram usar as bombas atômicas, recém-fabricadas, para tentar forçar os japoneses até a rendição. No que originalmente era visto como uma competição com a Alemanha, as potências ocidentais tinham continuado a desenvolver bombas atômicas, quando concluíram que os alemães não estavam indo a parte alguma nessa área. Os americanos, desejosos de usar as bombas atômicas disponíveis no apoio à "Olímpica", decidiram usar uma e, se necessário, uma segunda, sobre cidades japonesas. Caso essa medida não provocasse uma rendição, eles pouparam as que estivessem disponíveis a partir daí para a "Operação Olímpica".

Além de rejeitar a exigência de Potsdam para se render, o governo japonês concebeu um plano de defesa contra invasões (cujas localizações eles previram corretamente), presumindo que a disposição dos japoneses para aceitar 20 milhões de vítimas desestimularia os Aliados da exigência de rendição. Sem êxito, Tóquio tentou obter apoio soviético para negociar o final da guerra ou conseguir que a União Soviética trocasse de lado. Os líderes em Tóquio também não se sensibilizaram com os pesados ataques aéreos americanos, partindo, primeiro, das Marianas, destruindo grandes áreas de cidades japonesas importantes e causando, principalmente em Tóquio, incontáveis vítimas. A segunda bomba atômica provocou uma cisão no conselho de governo. Metade dele, impressionado com o fato de que um só avião lançando uma bomba podia conseguir o que antes requeria centenas de aviões lançando milhares de bombas, concluiu que os Aliados, agora, podiam matar todos ou quase todos no arquipélago japonês sem precisar invadi-lo. Portanto, abandonaram o plano de defesa em favor da rendição.

Sob tais circunstâncias, o imperador Hirohito, talvez influenciado por seus conselheiros preocupados com uma possível rebelião interna e a entrada soviética na Guerra do Pacífico, reuniu-se com o conselho e ordenou, pessoalmente, a rendição.

A tentativa de golpe pelos que desejavam continuar lutando fracassou quando o ministro da guerra Anami Korechika, dilacerado entre sua preferência por continuar em combate e a lealdade ao imperador, suicidou-se em vez de apoiar o golpe. Os Aliados facilitaram a rendição incondicional dos japoneses, determinando que poderiam conservar a instituição imperial se assim o desejassem, embora ela passasse agora ao controle dos Aliados, e, segundo sugestão dos britânicos, eles nomeariam oficiais, e não o imperador, para assinar a rendição. Hirohito, por sua vez, enviou emissários, inclusive membros da família, aos comandantes japoneses no interior para que insistissem na rendição por toda parte. Não houve operações "Pós-Coronet", o Japão não foi dividido em zonas de ocupação e tampouco Tóquio foi dividida em setores. Tropas americanas e da Commonwealth britânica ocuparam o país, porém o governo e a administração permaneceram em mãos japonesas, guiados e reformados segundo diretrizes do Supremo Comandante das Potências Aliadas (SCPA), general MacArthur. Quantidades ínfimas de soldados japoneses resistiram até a década de 1970, mas, de modo geral, a ordem de rendição do imperador foi acatada.

Conclusão

A maior das guerras da história terminou com cerca de 60 milhões de pessoas mortas, sendo a maioria de civis. A maior quantidade, mais de 25 milhões, foi na União Soviética, e no mínimo 15 milhões na China. Os demais países sofreram perdas enormes, mas nenhum foi mais devastado, pressionado, saqueado e dizimado do que a Polônia. A destruição em massa e os efeitos econômicos negativos caracterizaram grande parte da Europa, do Leste asiático, Sudeste Asiático e partes do norte da África. O surgimento de novas armas como o míssil balístico alemão, os V-2, e a bomba atômica americana sinalizaram que qualquer nova guerra entre grandes potências poderia muito bem significar o fim da humanidade no planeta.

A guerra e o seu desfecho também produziram movimentos populacionais enormes. Milhões de prisioneiros de guerra e trabalhadores escravos sofreram para voltar para casa e levaram alguns anos para consegui--lo. Por outro lado, alguns dos que estavam na Europa Oriental não desejavam regressar para países então sob dominação soviética, e os judeus poloneses sobreviventes descobriram que sua volta era indesejada e perigosa e, portanto, preferiram migrar para a Palestina, que os britânicos tentavam manter fechada. As novas fronteiras fixadas pelos vitoriosos deslocaram outros milhões de europeus. Já que os alemães tinham condenado veementemente o esforço para ajustar as fronteiras às populações em Versalhes, em 1919, e insistido no princípio contrário de ajustar as populações às fronteiras, essa medida foi aplicada à Alemanha. Cerca de 12 milhões de alemães perderam seu lar na antiga Alemanha Oriental e Tchecoslováquia, Polônia, e outros países do Leste e do Sudeste Europeu no maior movimento populacional registrado em tão curto espaço de tempo. A Itália perdeu seu império colonial e algum território para a Iugoslávia. Milhões de japoneses do império daquele país foram reconduzidos para o arquipélago japonês. Após a rendição o Japão conservou sua unidade, sem ser dividido em zonas de ocupação nem a capital dividida em setores, como aconteceu com a Alemanha e a Áustria e suas capitais. Somente algumas ilhazinhas ao largo da costa nordeste de Hokkaido foram anexadas pela União Soviética e seus habitantes, deportados, uma questão que impediu a assinatura da paz entre os dois países até o século XXI.

Os Aliados se viram diante da questão de lidar com criminosos de guerra, e de cumprir a promessa de julgá-los e puni-los. Dessa vez, muitos dos que tinham motivos para temer a justiça fizeram o possível para se esconder, assumiram novas identidades ou escaparam para a América do Sul, com a ajuda do Vaticano. Os países recém-libertados, além de enfrentar o problema da grande reconstrução, tiveram de lidar com a questão dos colaboradores das forças de ocupação. A maioria dos países derrotados viu-se diante de reparações a pagar, e, por ironia, uma Alemanha mutilada e bastante destruída pagou muito mais do que uma Alemanha maior e basicamente intocada após a Primeira Guerra Mundial. Além da criação e do aperfeiçoamento de armas de destruição, o esforço bélico também trouxe novidades na medicina, assim como um meio de transporte aéreo, o motor a jato, que viria a transformar as viagens no pós-guerra.

Se a vitória foi extremamente onerosa, a alternativa que o mundo enfrentaria era tão horrorosa que todo esse custo se mostrou necessário. Recordando: a política genocida que os alemães aplicaram a judeus e ciganos prenunciou um extermínio sistemático ainda maior, assim como a morte por inanição e a esterilização de grandes massas, com o plano final de que somente os ditos arianos habitassem a Terra, onde adorariam só a si próprios. Por outro lado, o conflito tinha, ao mesmo tempo, acelerado o processo de descolonização, um processo que veio a incluir países neutros como Espanha e Portugal, assim como as potências colonialistas participantes. O conflito, de fato, conferiu à União Soviética um novo senso de legitimidade aos olhos da maioria de seus habitantes, que, contudo, se apagaria com o tempo. Um mundo diferente emergiu de seu maior conflito que, pela própria natureza, e especificamente por seu encerramento, alertou a todos a serem mais cautelosos dali por diante.

LEITURAS COMPLEMENTARES

Sobre a guerra em geral, Gerhard L. Weinberg, *A World at Arms: A Global History of World War II*, 2ª ed., Nova York, 2005. Para as origens da guerra, do mesmo autor, *Hitler's Foreign Policy 1933-1939: The Road to World War II,* Nova York, 2005; e Zara Steiner, *The Triumph of the Dark: European International History 1933-1939,* Oxford, 2011. Como a literatura sobre a guerra é enorme, um guia muito útil para seus aspectos essenciais é o de Mark M. Boatner III, *The Biographical Dictionary of World War II,* Novato, Califórnia, 1996.

Leituras sobre cada campanha não são listadas aqui, mas, para a primeira, veja Alexander B. Rossino, *Hitler Strikes Poland: Blitzkrieg, Ideology, and Atrocity,* Lawrence, 2003. O aniquilamento da França é estudado por Ernest R. May, *Strange Victory: Hitler's Conquest of France,* Nova York, 2000. Michael Korda, *With Wings Like Eagles: History of the Battle of Britain,* Nova York, 2009, contém um levantamento recente. Sobre a invasão alemã da União Soviética e os combates posteriores na Frente Oriental há várias obras excelentes de Robert Citino, David Glantz, David Stahel e Earl Ziemke. Sobre a luta na Itália, as histórias americana e britânica oficiais oferecem excelentes pesquisas, e *War in Italy 1943-1945: A Brutal Story,* Nova York, 1994, de Richard Lamb, oferece uma complementação importante. É preciso registrar que a história britânica oficial, intitulada *The Mediterranean and Middle East* (vol. I-V), faz uma útil cobertura de todos os aspectos, incluindo o norte da África, o Iraque e a Síria, e ainda operações na Itália.

O combate no Ocidente em 1944-45 é apresentado por Alan F. Wilt, *The Atlantic Wall 1941-1944,* Nova York, 2004, que pode ser seguido por Carlo D'Este, *Decision in Normandy,* Nova York, 1994 e Theodore A. Wilson (ed.), *D-Day 1944,* Lawrence, 1994. Os combates posteriores podem ser acompanhados em Ian Kershaw, *O fim do Terceiro Reich: a destruição da Alemanha de Hitler, 1944-45,* Companhia das Letras, São Paulo, 2015 e Stephen G. Fritz, *Endkampf: Soldiers, Civilians, and the Death of the Third Reich,* Lexington, 2004.

Para os dois lados da guerra no ar, boas introduções são as de Tami Davis Biddle, *Rethoric and Reality in Air Warfare: The Evolution of British and American Ideas about Strategic Bombing, 1914-1945,* Princeton, 2002, e de Edward D. Westermann, *Flak: German Anti-Aircraft Defenses, 1914-1945,* Lawrence, 2001. Nathan Miller, *War at Sea: A Naval History of World War II,* Nova York, 1995 é bem complementado pelo livro de Howard D. Grier, *Hitler/Dönitz and the Baltic Sea:The Third Reich's Last Hope, 1944-1945,* Anápolis, 2007. Uma análise criteriosa das forças armadas alemãs é feita por Wolfram Wette, *The Wehrmacht: History, Myth, Reality,* trad. Deborah Lucas Schneider, Cambridge, Massachusetts, 2006; sobre os líderes militares do país, há uma profusão de insights de Geoffrey Megargee, em *Inside Hitler's*

High Command, Lawrence, 2000; já Donald M. McKale, em *Hitler's Shadow War: The Holocaust and World War II,* Nova York, 2002, faz uma excelente introdução ao assunto do título. O efeito do holocausto sobre as operações militares alemãs é o tema do livro de Yaron Pasher, publicado pela University Press of Kansas (Lawrence, 2014). A ocupação de grande parte da Europa pela Alemanha é examinada por Mark Mazower, *O Império de Hitler: a Europa sob o domínio nazista,* Companhia das Letras, São Paulo, 2013. As questões complicadas envolvendo as divisões internas da Itália após a rendição de 1943 são descritas por Claudio Pavone, em *A Civil War: A History of the Italian Resistance,* trad. Peter Levy e David Broder, ed., com apresentação de Stanislao G. Pugliese (Londres, 2013).

Duas pesquisas refinadas sobre a guerra no Pacífico são de Jonh Costello, *The Pacific War,* Nova York, 1982, e de Ronald H. Spector, *Eagle against the Sun: The American War with Japan,* 1985. Um bom ponto de partida para o começo da expansão da guerra do Japão contra a China é o de Alan D. Zimm, *Attack on Pearl Harbor: Strategy, Combat, Myths, Deceptions,* Havertown, Pensilvânia, 2011. O ponto crítico de virada é examinado por Jonathan Parshall e Anthony Tully, em *Shattered Sword: The Untold Story of the Battle of Midway,* Washington, DC, 2005. A primeira ofensiva americana (e a batalha mais longa da história americana) é muito bem relatada por Richard B. Frank, em *Guadalcanal: The Definitive Account of the Landmark Battle,* Nova York, 1990. Uma excelente introdução à campanha no sudeste do Pacífico é de D. Clayton James, *The Years of MacArthur,* Vol. II, 1941-1945, Boston, 1975. Sobre o combate no Sudeste Asiático, há a pesquisa oportuna de Louis Allen, *Burma: The Longest War 1941-1945,* Londres, 1984. Sobre um evento culminante da investida americana pelo Pacífico, veja H. P. Willmott, *The Battle of Leyte Gulf: The Last Fleet Action,* Bloomington, 2005. Os ataques aéreos sobre o Japão são bem sintetizados por Barrett Tillman, em *Whirlwind: The Air War against Japan 1942-1945,* Nova York, 2010. Nos últimos estágios da guerra no Pacífico, são excelentes as pesquisas de Richard B, Frank, em *Downfall: The End of the Imperial Japanese Empire,* Nova York, 1999, e de D. M. Giangreco, em *Hell to Pay: Operation DOWNFALL and the Invasion of Japan, 1945-1947,* Anápolis, 2009.

Há boas introduções às forças armadas japonesas feitas por Edward J. Drea, em *Japan's Imperial Army: Its Rise and Fall, 1853-1945,* Lawrence, 2009; por Paul S. Dull, em *A Battle History of the Imperial Japanese Navy (1941-1945),* Anápolis, 1978 e por M. G. Sheftall, em *Blossoms in the Wind: Human Legacies of the Kamikaze,* Nova York, 2005. Para um levantamento sobre as políticas de ocupação do Japão no Leste da Ásia e suas repercussões, é sempre recomendado *The Far East 1942-1946,* de F. C. Jones, Hugh Borton e B. R. Pearn em "Survey of International Affairs", Oxford, 1955.

Os objetivos de guerra dos líderes dos países beligerantes são sintetizados por Gerhard L. Weinberg, em *Visions of Victory: The Hopes of Eight World War II Leaders,* Nova York, 2005. Sobre as relações entre cinco líderes principais com seus comandantes militares, há relatos introdutórios úteis de Helmut Heiber e David M. Glantz, eds., *Hitler and His Generals: Military Conferences 1942-1945*, Nova York, 2002; de John Gooch, em *Mussolini and His Generals: The Armed Forces and Italian Foreign Policy, 1922-1940,* Cambridge, 2007; de Raymond Callahan, *Churchill and His Generals,* Lawrence, 2007; de Stephen Roskill, *Churchill and the Admirals,* Barnsley, 1977; de Seweryn Bialer, ed., *Stalin and His Generals: Soviet Military Memoirs of World War II,* Londres, 1970; de Harold Shukman, ed., *Stalin's Generals,* Londres, 1993 e de Eric Larrabee, *Commander in Chief: Franklin Delano Roosevelt, His Liertenants, and Their War,* Nova York, 1987.

Para outras sugestões sobre vários aspectos da guerra, recomendo aos leitores o "Bibliographic Essay", p. 921-944 no primeiro livro listado acima.

ÍNDICE REMISSIVO

Aachen 160
Abissínia (Etiópia) 8, 27
Açores 136
Alasca 110
Albânia 69
Alemanha 8-11, 14-32, 36-
    38, 40-42, 44, 46-49,
    51-52, 55, 58, 60-62,
    64-71, 74-77, 79-81,
    84, 92-94, 97, 100, 108,
    112-113, 119, 124-127,
    133, 136, 138-140, 142,
    144, 146, 148, 151,
    153, 155-157, 160-161,
    163, 170, 173-174
  armas atômicas 150
  e Estados Unidos 92, 113
  e Japão 100, 112, 114, 137
  e União Soviética 68-69, 75,
    79-81, 83-89, 91-94,
    156
  oposição ao regime nazista
    49-50, 67, 158
Aleutas, Ilhas 110, 133
Almirantado, Ilhas do 49, 135
Anami Korechika 171
Antonescu, Ion 78
Antuérpia 163
Anvil (Operação) 157
Anzio 131, 158
Archangel 85

Ardenas, Ofensiva das. *Ver*
    Batalha do Bolsão
Argélia 123
Armas atômicas 150, 169-170
Assam 134
Attu 109
Austrália 9, 26, 32, 96, 104-
    105, 108-109, 132,
    146-147
Áustria 11-12, 15, 24-25, 30,
    146, 163, 173

Badoglio, Pietro 131
Bagration (Operação) 161
Báltico, Mar 41, 126, 161
Barbarossa (Operação) 76
Bataan 103-104
Batalha da Bretanha 65-66, 96
Batalha do Atlântico 38, 48,
    136
Batalha do Bolsão 144, 163
Batalha do Mar de Coral 109,
    112
Batalha do Mar de Java 105
Beck, Ludwig 158
Beda Fomm 69
Bélgica 17, 52, 54, 60, 131,
    143-144
Berlim 29, 58, 67, 69, 70, 85,
    108, 146, 163-164
Bessarábia 58

Birmânia 95, 96, 100, 105, 134-135, 164
Bismarck, Ilhas 105
Bizerta 123
Bonin, Ilhas 166
Bornéu 105, 167
Bucovina 58
Bulgária 10-11, 70-71, 112-113, 161

Cabo Matapão 69
Calais 157
campanha estratégica de bombardeio 127
Canadá 9, 13, 26, 32, 61, 108, 146, 154, 166
Carcóvia 119
Carolina, Ilhas 105
Cáucaso 75, 78, 88, 115-116, 119
Ceilão (Sri Lanka) 108
Chamberlain, Neville 26-27, 31, 48, 65
chetniks 136
Chiang Kai-Shek 151
Chile 108
China 8, 11, 22, 95, 97, 99, 108, 133-134, 150-151, 169, 172
Cholm 90
Churchill, Winston 26, 49, 60, 63, 69, 125, 157
Cidadela (Operação) 121
ciganos 174
Clark, Mark 158

Colômbia 108
Conferência da Casablanca 124-125
Conferência do Cairo 136
"Corcova, A" 134
Coreia 169
Coronet (Operação) 168-169, 171
Corregidor 104
Creta 71, 74
Crimeia 160
criminosos de guerra, questão dos 14, 153, 173
Croácia 84

Dakar 96
Danzig 28, 37
Darlan, François 123-125
De Gaulle, Charles 68, 75, 125, 145
Demyansk 90
Dill, sir John 61
Dinamarca 15, 41, 44, 48, 136, 142
Dönitz, Karl 113, 126, 164
Doolittle, James 110
Dowing, sir Hugh 65
Downfall (Operação) 167
Dragão (Operação) 157
Dunquerque 55, 60
Dutch Harbor 109

Egito 68-70, 74, 122-123
Eisenhower, Dwight 123
El Alamein 123-124

Equador 108
Eslováquia 84
Espanha 58-59, 84, 136, 153, 174
  Guerra Civil 8, 27
Estados Unidos 10, 17, 21-24, 30, 36, 39-41, 62-63, 85, 88, 92-94, 97-100, 111-113, 122, 124, 133, 147, 151, 153-154, 163, 166
  e Finlândia 93
  e Japão 152, 164-167
  eleição de 1944 152
  e União Soviética 85, 91
Estônia 42, 83
Estrada da Birmânia 95-96
Estreito de Messina 129
Estreito de Surigao 165

Filipinas 97-100, 103-104, 133, 135-136, 164-165, 167
Finlândia 10, 42-43, 58, 67, 76-77, 79, 93, 161
Foggia 131
Formosa (Taiwan) 169
França 9, 10, 13, 15-18, 21, 23-24, 26, 28-31, 52, 54-55, 59-61, 63-65, 75, 96, 124-125, 129, 131, 143-146, 157-158, 169
  império colonial 13, 59
França Livre 75, 96, 125, 145
Franco, Francisco 27, 58, 84

Gamelin, Maurice 52
Gehlen, Reinhard 122
Gela 129
Gilbert, Ilhas 105, 135
Giraud, Henri 125
Göring, Hermann 54, 138
Grã-Bretanha 10, 13, 17, 21-24, 28-31, 41, 46, 52, 55, 59, 61, 63-66, 68-69, 71, 74, 85, 88, 93-94, 96, 98-99, 102, 124, 146-147
  e Finlândia 93
  e Japão 88
  eleição de 1945 147
  e União Soviética 85
  império colonial 147
Grécia 69-71, 74, 129, 148
Groelândia 142
Grozhny 116
Guadalcanal 111, 132
Guam 100, 103

Haile Selassie 68
Haiphong-Hanoi, ferrovia 95
Haj Amin al-Husayni 74
Halder, Franz 65, 78, 80
Halifax, lorde 48, 61
Halsey, William 165
Hamburgo 126
Havaí 99, 110
Himalaias 134
Hindenburg, Paul von 20
Hirohito, imperador 171

Hitler, Adolf 19-22, 24-27,
  29-31, 33, 40-43,
  49-51, 54, 58-59, 61,
  64-67, 70-71, 76, 78,
  80, 83-84, 86, 90-91,
  97, 100-101, 108, 112,
  117, 119, 123, 126,
  129, 138, 143, 147,
  155, 158, 161, 164
Hoepner, Erich 90
Holanda 52, 96, 98-99, 143-
  144, 160
Homma Masaharu 104
Hopkins, Harry 85
Hull, Cordell 99
Hungria 10-12, 15, 25, 28, 67,
  71, 84, 112-113, 161,
  163
Husky (Operação) 128

Ichigo (Operação) 134, 151,
  156, 169
Imphal-Kohima 135
Índia 9, 13, 32, 74, 106, 108-
  109, 134, 147, 156
Índias Ocidentais Holandesas
  143
Índias Orientais Holandesas
  98, 100, 104-105, 136,
  167
Índico, oceano 105, 109
Indochina francesa 95, 97
Irã 85, 106, 157
Iraque 9, 74-75
Islândia 48, 142

Itália 8, 9, 10, 23-25, 29,
  37, 55, 60, 68-71, 96,
  112-113, 124, 128-129,
  131-132, 147-148, 155,
  157-158, 164, 173
  e Abissínia 8, 27
  e Estados Unidos 112
Iugoslávia 25, 70-71, 101,
  129, 136, 148, 173
Iwo Jima 166

Japão 8-11, 22-24, 29, 88,
  94-103, 108, 110, 112,
  133-134, 149-151, 167,
  169, 171, 173
  e Alemanha 96, 99, 108,
    112, 137
  e China 8, 95
  e União Soviética 88, 98,
    150, 170, 173
  guerra contra Grã-Bretanha,
    Holanda e Estados
    Unidos 96, 98-99
  rendição 9, 150
Java 105, 167

kaiten 165
Kasserine, Passo 125
Kiev 84
Kiska 109
Kokoda, Trilha de 109, 132
Kuban, cabeça de ponte 119
Kurita Takeo 165
Kursk 119, 121
Kyushu 168

Laval, Pierre 59, 61
Lend-Lease 63, 122
Leningrado 78, 81, 83, 122
Leyte 164
Líbia 69, 70, 74, 123, 125
Liga das Nações 14, 22, 43, 156
Linha Maginot 52
Lituânia 28, 42, 58, 83, 161
Lloyd George, David 61
Luxemburgo 52, 143-144
Luzon 103, 164-165

MacArthur, Douglas 103-104, 133, 171
Madagascar 106
Malaia 85, 98, 100, 102-104, 164
Malta 74
Manchúria 7, 22, 88, 151, 169
Manila 103, 165
Marianas, Ilhas 135, 156, 164, 170
Marrocos 123
Marselha 158
Matsuoka Yosuke 97
Medicina 10, 138, 154, 174
Midway 110-112, 132
Milne, Baía de 109
Mindoro 164
Molotov, Vyacheslav 67
Montgomery, Bernard 129
Morotai 164
Moscou 30-31, 35, 42, 58, 78, 83-85, 87-88, 91, 100, 116-117, 136, 156
movimentos de resistência em áreas ocupadas 135-136, 141
Murmansk 40, 47, 81, 85
Mussolini, Benito 23, 27, 32, 55, 59, 68, 70, 84, 129, 147, 155

Nações Unidas 114, 146
Nápoles 131
Narew, rio 161
Narvik 44, 46
Nimitz, Chester 133
Nomonhan (Khalkin-Gol) 29, 36
Normandia 158, 160
Noruega 41-44, 47, 48, 58, 62, 78, 136, 142, 157
Nova Bretanha, Ilhas 105
Nova Guiné 105, 109, 132, 135, 164
Nova Zelândia 9, 32, 96, 105, 108, 147
Novorossisk 116

Okinawa 167
Olímpica (Operação) 168, 170
Operação Azul 115-116
Operação Urano 117
Orel 121
Oster, Hans 51
Overlord (Operação) 157

Palau, Ilhas 164
Palermo 129
Palestina 172
Paris 11, 13, 28, 31, 55, 160
Patton, George 129
Paulus, Friedrich 117
Pearl Harbor 101, 110, 112, 165
Peru 108
Pétain, Philippe 59, 61
Polônia 9, 15-17, 25, 28-29,
 31, 33, 35-37, 42, 49,
 51, 55, 66, 139-142,
 161, 172-173
Porto Moresby 109
Portugal 136, 174
Pós-Coronet (Operações) 169,
 171
Primeira Guerra Mundial 7,
 10, 19, 41, 54, 58, 61,
 63-64, 70-71, 81, 105,
 127, 139, 146, 151-152,
 156, 174
 tratados de paz 11

Quênia 68
Quisling, Vidkun 46, 143

Rabaul 105
Raeder, Erich 40-41, 43
Rangoon 105
Rashid Ali al-Gaylani 74
rendição incondicional, política da 53, 171
Reno, rio 17, 160, 163
República Irlandesa 32

Ribbentrop, Joachim von 30
Roma 13, 69, 131, 158
Romênia 10, 25, 28, 37, 58,
 67-69, 77-79, 84, 93,
 112-113, 160-161
Rommel, Erwin 70, 74
Roosevelt, Franklin 30, 33,
 48, 62-64, 67-68, 85,
 99, 100, 103-104, 112,
 124, 152
Rosenberg, Alfred 92, 139
Rostov 88, 116
Roterdã 53
Rundstedt, Gerd von 54
Ryukyu, ilhas 167

Saipan 135
Salerno 131
Salomão, ilhas 105, 132, 135
Sibéria 9, 40, 89, 108
Sicília. *Ver* Husky (Operação)
Singapura 97, 99, 102-103, 165
Síria 9, 74-75
Smolensk 83
Somalilândia Britânica 68
Somalilândia Italiana 68
Stalingrado 91, 116-119, 123,
 125, 169
Stalin, Josef 24, 30-31, 39,
 58, 67, 79-80, 84-88,
 91, 116, 119, 148
Stimson, Henry 169
Suécia 41, 47, 78, 136, 142-
 143, 153
Suíça 136, 153

Tailândia 100
Taiwan/Formosa 133, 169
Takoradi 68
tanques 21, 34, 53, 66, 77, 80, 121-122, 127, 153
Tarawa 135
Tchecoslováquia 21, 25-28, 30-31, 49, 173
Teerã, Conferência de 136, 157
Tikhvin 88
Tito 136
Tobruk 74
Tocha (Operação) 123
Tojo Hideki 108
Tóquio 13, 22, 95-99, 108, 110, 168-171
Torgau 164
Toulon 158
Transnístria 93
Trondheim 42, 46, 142
Truman, Harry 146, 152, 169
Túnis 123
Tunísia 23, 123-126, 128, 169
Turquia 136

Ucrânia 78, 83-84, 86, 93, 119, 122, 157, 160
União Soviética 9-10, 21, 24, 28-30, 35, 37, 39-40, 42-43, 47, 58-59, 65-69, 75-81, 85, 87-88, 91-95, 97, 106, 122, 136, 140-141, 148, 150, 170, 172-174
e China 95, 151
e Japão 97, 150, 170, 173
invasão alemã 85
movimentos de resistência na guerra 92, 122
União Sul-Africana 26, 32
Urano. *Ver* Operação Urano

V-1 e V-2 146
Varsóvia 31, 33, 141, 161
Vaticano 153, 173
Venezuela 108
Vichy 59-61, 74, 96, 106, 123, 145
Viena 146
Vístula, rio 161
Vítor Emanuel III 129

Wake 100, 103
Weizsäcker, Ernst von 143
Weygand, Maxime 55

Yamamoto Isoroku 101
Yamashita Tomoyuki 102, 165
Yelnya 83

Zíper (Operação) 164

lepmeditores

www.lpm.com.br
o site que conta tudo

Impresso na Gráfica COAN
Tubarão, SC, Brasil
2024